Stille Winkel auf Sylt

Stille Winkel auf

Sylt

Hermann Schreiber

Ellert & Richter Verlag

Inhalt

Insel der Reichen und der Schönen?
Eine Korrektur

Stille Winkel auf Sylt? Ist das nicht ein Widerspruch in sich? Wer sollte auf „Deutschlands beliebtester Ferieninsel" oder gar auf der „Insel der Reichen und der Schönen" ausgerechnet stille Winkel vermuten?

Das Gegenteil gilt doch als angesagt: Jubel, Trubel, Heiterkeit, ein Dorado der Spaßgesellschaft, in der Saison jagt ein „Event" das nächste, und wer dazu nicht eingeladen ist, der kann immerhin an den gut sichtbar geparkten „Traumautos", den gestylten Ladies aller Altersklassen und den weltstädtischen Boutiquen nächst dem Kampener Strönwai, der sogenannten Whiskystraße, mal vorbeiflanieren. Aber kein stiller Winkel, nirgends.

So sieht es aus, zugegeben, und das schon seit Jahrzehnten, mindestens seit den sechziger Jahren des vergangenen Jahrhunderts. Da kamen die Baugesellschaften vom Festland und bauten Häuser und Apartments für Leute vom Festland. Da kamen auch die Reichen und die Schönen und machten Sylt zu einer Marke: Erlaubt ist, was gefällt, und Geld spielt keine Rolle. Das funktioniert im Prinzip noch immer, nur sind es nicht mehr so sehr die Reichen und die Schönen, die heute das Erscheinungsbild der Insel bestimmen, sondern es droht „in den Sommermonaten ein Massen- und Vergnügungstourismus à la Mallorca", schreibt der Sylter Unternehmer Dirk Ipsen in seinem Schwarzbuch „Sylt. Verraten und verkauft".

Es ist in der Tat die Frage: Wer oder was wird Sylt eher ruinieren – die Sturmfluten und der infolge des Klimawandels stetig ansteigende Meeresspiegel oder der Verbrauch der Insel „von innen heraus", eben durch jenen massenhaften Vergnügungstourismus, dem diese dem Festland vorgelagerte schmale Sandbarriere in Wahrheit nicht gewachsen ist und der am Ende auch jene Attraktivität schwinden lassen wird, die ihn ausgelöst hat? Oder mit den Worten der Insulanerin Meta Ingwers aus dem Listland: Viele Fremde bringen viel Geld, noch mehr Fremde bringen noch mehr Geld; „aber wenn vor lauter Fremden von Sylt nichts mehr zu sehen ist, dann ist es vorbei mit Sylt".

Solche Befürchtungen sind mitnichten neu. Der Lyriker und Erzähler Julius Rodenberg hat 1859, als Westerland schon zum „Seebad" gekürt worden war, dies aufgeschrieben: „Viele von den Einsichtigen fürchten den demoralisierenden Einfluss, den die Leichtigkeit des neuen Gelderwerbs und der Besuch der verderbteren Städtebewohner ausüben könnte." Rodenberg, der auf der Insel noch die Einsamkeit gesucht (und gefunden) hat, war sich sicher: „Sylt würde den besten Teil seines Reizes verlieren, sobald das Leben daselbst anfinge, weniger einfach, weniger schlicht und natürlich zu sein. Wer den Luxus nicht entbehren kann, der hat die Modebäder; wer aber nach Sylt kommt, der will Ruhe haben, der will allein sein mit dem Meer und der Heide ... Es werden Leute hierher kommen, die wie wir Sehnsucht haben nach der Stille, in der die erschütterten Saiten ihres Innern endlich einmal austönen können; Leute, die dem bunten, flüchtigen Tand entfliehen wollen, anstatt ihn aufzusuchen."

Diese Leute kommen noch immer. Aber sie tun sich schwer, zu finden, was sie suchen. Heute stürmen den beliebtesten Strandabschnitt zwischen den Restaurationen „Sturmhaube" und „La Grande Plage" nach neuen Erkenntnissen der Kampener Tourismus-Direktion 200 000 Menschen pro Jahr, Tendenz steigend. Einen solchen Ansturm aber können auf die Dauer weder die natürlichen Grundlagen des Lebens und der

Erholung auf der Insel noch deren naturgemäß begrenzte Infrastrukturen (der Straßenverkehr und die Trinkwasserversorgung zum Beispiel) aushalten. Fast sieben Millionen Übernachtungen wurden 2009 auf Sylt gezählt. Die Zahl der Menschen, die sich gleichzeitig auf der Insel aufhalten können, ohne ihr zu schaden, hat ein Gutachten für die Kieler Landesregierung im Jahr 1974 mit 100 000 angegeben. Heute sind, nach Schätzungen des örtlichen Energie- und Wasserversorgers EVS, etwa doppelt so viele Menschen zur gleichen Zeit auf der Insel. Wenn die Verantwortlichen auf Sylt und dem nordfriesischen Festland diesen „Verbrauch von innen heraus" nicht beenden, sägen sie den Ast ab, auf dem sie sitzen. Wissen sie denn nicht, was sie tun?

Jedenfalls nicht gut genug. „Wir wissen zu wenig über unsere Insel", sagt Unternehmer Dirk Ipsen. „Wie viele Vermietbetten gibt es tatsächlich? Wie viele Menschen befinden sich in der Spitzenzeit auf Sylt? Wie viele Sylter wohnen noch im Dorf und halten noch Grundstücke in Sylter Hand?" Die Insel brauche endlich ein Entwicklungskonzept, einen „zukunftssicheren Masterplan", und der setze eine möglichst genaue Analyse voraus.

Die soll es in Zukunft geben. Im März 2009 haben Westerland, Rantum und die Gemeinden in Sylt-Ost die Fusion zur Gemeinde Sylt zustande gebracht, ein neues kommunales Parlament gewählt und Dirk Ipsen zu dessen Vorsitzendem bestimmt. In seiner Neujahrsansprache 2010 hat der Bürgervorsteher gesagt: „Die Begehrlichkeiten greifen unsere Insel mit ungebrochener Gier an." Aber: „Wir lassen uns nichts mehr abhandeln und sagen Nein zu Begehrlichkeiten." Und das werde auch gelingen, „weil wir uns einig sind".

Ob dieses Nein stark genug ist, den Begehrlichkeiten derer Paroli zu bieten, die durch den Verkauf von Bauland oder ihres Hauses über Nacht zu Millionären werden können, und auch der Siegesgewissheit der Investoren, die diese Millionen ausgeben wollen – das wird sich zeigen. Und was die Einigkeit angeht, so war sie bisher wohl eher die Ausnahme. Es gelang auswärtigen Investoren immer wieder, einzelne Sylter Kommunalpolitiker davon zu überzeugen (wie, das weiß man nicht), dass ihre Gemeinde genau so und nicht anders ertragssicher – für den Investor – Großprojekte planen und umsetzen sollte. Man berief sich dabei gern auf die wachsende Nachfrage nach Kurzreisen und „Wellness"-Urlaub, auf die Sylt sich einzustellen habe.

Auch die Regierung des schönen, aber keineswegs reichen Landes Schleswig-Holstein fällt den Investoren nicht in den Arm, im Gegenteil. Sylt ist das attraktivste Gelände der Kieler Regierung, der beste Platz für die politisch geförderten „Leuchtturmprojekte", zum Beispiel in Gestalt neuer, ziemlich großer (und ziemlich teurer) Hotels.

Noch immer kennen auch die Immobilienpreise hier offenbar nur eine Grenze: den Himmel, in den die Baukräne ragen. Ein Reihenhaus gibt es für 2,5 Millionen, und ein frei stehendes Haus mit Blick aufs Watt darf mehrere Millionen Euro (oder schlicht das Doppelte) kosten – in Kampen gelten sowieso Liebhaberpreise.

„Wo Geld ist, ist der Teufel", sagt ein altes friesisches Sprichwort, „aber wo nichts ist, ist er zweimal." Das ist das Dilemma, mit dem die Sylter schon lange und immer noch leben.

Aber stille Winkel? Wo in diesem Szenario ist denn Platz für stille Winkel? Doch, es gibt sie. Es gibt die Großprojekte, und es gibt auch die stillen Winkel. Es gibt sie nicht nur, sondern sie sind das, was diese Insel einmalig macht. Sie sind das ursprüngliche, das wahre Sylt. Ich will versuchen, dies in den folgenden Kapiteln anschaulich zu machen.

Diese Insel hat mich zurückgeworfen in die Natur. Von allen Wohltaten, die ich Sylt verdanke, ist diese mir am wichtigsten: dass die Insel mich dazu gezwungen hat, Natur wieder wahrzunehmen. Ja, gezwungen. Sie hat mich auch daran erinnert, dass Natur und Gewalt elementar miteinander verbunden sind. Natur kann gewalttätig sein. Hier war sie es immer, sonst gäbe es die Insel in ihrer heutigen Gestalt gar nicht.

Früher habe ich, Stadtmensch auf Urlaub, noch geglaubt, man könne einem ausgewachsenen Regentief in einem handelsüblichen Mantel und mit einem ebensolchen Regenschirm begegnen. Aber spätestens seit ich zum zweiten Mal durchnässt bis auf die Haut und mit einem zerfledderten Drahtgestell zurück ins rettende Haus gekommen bin, weiß ich, dass Wetter auf dieser Insel keine Begleiterscheinung ist, auf die man sich nebenbei einstellen kann – Wetter ist auf Sylt immer ein Ereignis, ein Naturereignis, das die volle Aufmerksamkeit beansprucht.

Sylt – das war für mich vor allem jenes Faszinosum, dem im 20. Jahrhundert auch viele berühmte (und meistens begüterte) Menschen erlegen sind, weil sie dort auf eine gar nicht leicht zu erklärende, fast immer euphorische Weise außer sich gerieten. Stille aber ist kein objektiv zu beschreibender Zustand, Stille ist – wie der Lärm – eine Frage des Bewusstseins, der subjektiven Wahrnehmung. „Nichts kommt dem Rauschen des mäßig bewegten Meeres gleich, dem desinteressierten Wellenschlag einer hörbar gewordenen Stille", so der Schriftsteller Matthias Politycki in seinen „Drei Lektionen der Stille", die er am Meer gelernt hat. Das Individuum, nicht sein Umfeld entscheidet, was Stille ist. Wer nicht darauf verzichten kann, allzeit erreichbar zu sein und möglichst schnell möglichst viele Datenströme zu verwalten, wird den Wellenschlag des Meeres wohl kaum als hörbar gewordene Stille wahrnehmen. Der wird auch die stillen Winkel auf Sylt nicht aufsuchen wollen, weil er dort ja mit sich allein wäre. Stille kann wie eine Provokation wirken und viel verstörender sein als der Lärm, den Menschen gern machen, wenn es ihnen gut geht; denn über die Stille sind sie nicht Herr.

Allerdings ist Stille auf Sylt auch eine Frage der Jahreszeit. Wer in der – immer mehr in die Länge gezogenen – Saison hierherkommt, besonders im Hochsommer, kann dem Gewimmel und den Stauungen der überlasteten Infrastruktur zumindest in Westerland nicht entgehen, will es vermutlich auch gar nicht. Wer aber um der Insel selbst willen herkommt, sollte es tun, wenn die Überzahl der Fremden sie wieder verlassen hat – im November oder im Januar und frühen Februar, wenn viele Touristen-Attraktionen die Läden dicht gemacht haben, weil „nichts los" ist.

„Herbststürme sind die Tür, durch die man gehen muss, um die Insel kennenzulernen. Dann erst weiß man, wo der Gott der Friesen wohnt. Doch so lernen die meisten Touristen die Insel nicht kennen. Für sie ist sie der Tummelplatz der Nackten und der Reichen", so Peter Boenisch, der als langjähriger Chef der „Bild"-Zeitung wie als Inhaber eines formidablen Sylter Domizils zweifellos gewusst hat, wovon er redet. „Tausendmal schöner ist die Insel im Winter als im Sommer", wusste auch der Schriftsteller Ernst von Salomon, der so manches Jahr auf Sylt gelebt und gearbeitet hat. „Sommers ist es die Insel der Trunkenen und der Narren, winters die der Einsamen. Die Einsamen, die Ungeselligen sind winters die Herren der Insel."

Die Reichen und die Schönen sind hier auch weiterhin zu finden, in der Promi-Polonaise am Strönwai zum Beispiel. Und dort, wo sie vorwiegend ansässig sind, an der Wattseite von Kampen etwa, ist nichts davon zu spüren, dass diese Insel ihre Kapazitätsgrenze erreicht, wenn nicht überschritten hat. Die Nackten aber muss man inzwischen suchen. Selbst an ausgewiesenen FKK-Stränden dominiert die Badehose oder der Bikini, und wer am Kampener Weststrand jahrzehntelang ganz selbstverständlich nackt herumgelaufen ist, dem kann es jetzt passieren, wie ein etwas verschrobener FKK-Ideologe angestarrt zu werden. Gerade junge Leute, deren körperliche Vorzüge es eher nahelegen würden, sich auszuziehen, bleiben in der Öffentlichkeit gern bedeckt. Zwei nicht mehr ganz junge Schnupper-Touristinnen haben neulich die Strandwärter an der Buhne 16 angesichts der dort bekleidet Badenden gefragt, ob man denn nicht auch nackt ins Wasser gehen dürfe. Wenn so etwas ausgerechnet an der Buhne 16 passiert, ehedem Hochburg eines hüllenlosen Hedonismus, dann ist nicht mehr zu übersehen, dass auf Deutschlands beliebtester Ferieninsel ein Paradigmenwechsel stattfindet. Kommt mit den neuen Touristen auch eine neue Prüderie?

„Nichts los" ist hier weiterhin im Winter, auch an Weihnachten, weil die Fremden dann noch zuhause feiern, bevor sie zum Jahreswechsel samt Familien die Insel stürmen, um es hier ordentlich krachen zu lassen – wobei sie im eigenen Interesse allenfalls auf die Feuerwerksknallerei verzichten müssen (wegen der vielen Reetdachhäuser).

Dennoch ist es Menschen, die diese Insel um ihrer selbst willen lieben, immer wieder gelungen, sogar Silvester auf Sylt still zu verbringen – dem Dichter Carl Zuckmayer zum Beispiel, der hier zum Anbruch des Jahres 1933 diesen ahnungsvollen „Silvesterspruch" aufgeschrieben hat: „Es ruht das Meer, es schläft das Watt. Die Wildgans schläft, von Muscheln satt. Das Wachs tropft von den Lichtern. Wir trinken unsern Portwein still. Mag kommen, was da kommen will. Der Himmel helf' den Dichtern."

Wie die Natur, so kann auch die Stille gewaltig sein. Daran gemahnt der Verleger Peter Suhrkamp, wohl der beste Beschreiber der Insel, auf der er intensiv gelebt und wo er seine letzte Ruhe gefunden hat: „Eine Stille herrschte, die nur mit einem Ausdruck bezeichnet werden kann: gewaltig ... Im Brüllen des Orkans hört man diese Stille, und in der Stille ist die Gewalt des Orkans; Orkan und Stille sind Äußerungen der gleichen Natur."

Diese Insel ist wie geschaffen für den Dialog des Menschen mit der Stille. Denn die Stille braucht weite Horizonte, sie braucht Raum um sich herum; in der Enge hält sich die Stille nicht.

Seit Sylt mich gezwungen hat, Natur wieder wahrzunehmen, ist für mich jeder Weg entlang der Brandung auch ein Weg zwischen Alpha und Omega, zwischen Anfang und Ende. Auf der einen Seite das Meer, aus dem alles Leben, auch unser Leben also, an Land gestiegen ist, und auf der anderen dieses Stück Endwüste, das uns zeigt, wie wir Menschen den Planeten dereinst hinterlassen werden. Im Spülsaum der Sylter Strände soll es Versteinerungen geben, die Millionen Jahre alt sind – Abbilder des Absoluten, „zugleich das All und das Nichts". Hier ist wahrhaftig Anfang und Ende. Hier ist auch Stille.

Die alte Dorfkirche Sankt Niels
Die anders gemessene Zeit

Die Stille, wie auch das Glück, findet im Kopf statt. Wer ihrer bedarf, kann sie überall finden. Es ist auf der Insel nicht weit zu den stillen Winkeln, manchmal nur einen Steinwurf oder zwei. Entscheidend ist, wohin der Gast sich wendet – schon beim Verlassen des Bahnhofs in Westerland, wo alle ankommen, Insulaner, Touristen, auch der „Sylt-Shuttle" mit dem blechernen Lindwurm der Autos.

Die flüchtigen Touristen wenden sich nach links, nachdem sie auf dem Bahnhofsvorplatz drei überdimensionale, giftgrüne Plastikfiguren passiert haben, die ihnen vom Habitus her erstaunlich ähnlich sind. „Reisende Riesen im Wind" nennt sich das provozierende Ensemble, das offenbar der Weststurm in eine ostwärts geneigte Schräglage gezwungen hat. „Zum Nachdenken anregen" sollen die seltsamen Riesen nach dem Willen ihrer Aufsteller. Nachdenken worüber? Weder nachdenklich noch gar abgeschreckt, allenfalls amüsiert streben die nach links sich wendenden Touristen dem Shopping-Paradies der Friedrichstraße und dann dem Strand und der Westerländer Kurpromenade zu.

Ich wende mich nach dem Verlassen des Bahnhofs lieber nach rechts, gehe ein Stück auf der Keitumer Chaussee Richtung Tinnum zu Fuß und biege in der Kurve, in der sich sommers die Westerland überflutenden Autos stauen, in den Kirchenweg ein. Das ist die Straße, die nach Alt-Westerland führt. Ein paar Schritte weiter verstellt mir ein Kirchlein den Weg, und schon wenn ich das Tor zu dem umgebenden Kirchhof öffne, bin ich an einem Ort, der sternenweit von der Drängelei in der Friedrichstraße und den Partymachern auf der Kurpromenade entfernt ist. Die alte Dorfkirche Sankt Niels bittet einzutreten.

Das Kirchenschiff ist klein, aber so hell, dass mir beim Hineingehen kurz Hemingways „A clean, well-lighted place" in den Sinn kommt, jene Short Story über eine saubere, gut beleuchtete Bar als Ort der Zuflucht vor der Nacht und der Unordnung des Lebens – eine sehr private Assoziation. Aber auch der Raum, den ich betrete, hat für mich etwas Privates. Von der farbigen Decke

tauchen zwei Messing-Kronleuchter in den Raum
ein – der vierzehnarmige soll aus dem Jahr 1682
stammen – und lassen den Gast vergessen, dass
dieses spirituelle Wohnzimmer sich tatsächlich
im Westerland des 21. Jahrhunderts befindet.

Wenn ich verweile in einer der weiß gestriche-
nen Bänke, auf denen die leuchtend roten Gesang-
bücher sich wie Blumen ausnehmen, fällt mir
neben der bemalten Kanzel aus dem Jahr 1751 ein
seltsames, an der Wand befestigtes Objekt auf.
Inzwischen weiß ich, dass es sich um eine restau-
rierte alte Sanduhr handelt. Eine Sanduhr am Auf-
gang zur Kanzel? Mahnung an den Prediger?
Gottesdienst wird in dieser Kirche nicht mehr
regelmäßig gehalten, nur noch zu Hochzeiten
und Taufen. Seit dem Anbruch des 20. Jahrhunderts hat das Seebad Westerland ein angemessen
großes Gotteshaus, näher an den Hauptschlag-
adern des Fremdenverkehrs, auf der anderen Seite des Bahnhofs. Die Sanduhr in Sankt Niels will
uns sagen, dass Zeit an diesem Ort anders gemessen wird, nämlich eher in Jahrhunderten als in
Urlaubstagen, und dass dieses Kirchlein mit
allem, was darin ist, Zeugnis gibt vom Überleben – vom Überleben im Kampf mit den Naturgewalten.

Wenn die Touristen auf der Westerländer Kurpromenade aufs Meer hinaus schauen, dann
ahnen sie vermutlich nicht, dass dort, ein paar
Hundert Meter vor der heutigen Küste, das alte

Kirchdorf Eidum, Westerlands Vorgänger gewissermaßen, in den Sturmfluten untergegangen ist. Von der „Groten Mandränke" 1362 wurde es schwer zerstört und von der Allerheiligenflut 1436 dann wohl endgültig vernichtet.

Die Überlebenden von Eidum gründeten in damals sicher erscheinendem Abstand vom Meer, zwei Kilometer nordöstlich in der Tinnumer Feldmark, eine neue Siedlung namens Südhedig, die 1462 erstmals als Westerlant – Land im Westen Tinnums (friesisch „Weesterlön") – erwähnt wird. Nur die Eidumer Dorfkirche Sankt Nicolai, die auf einer hohen Düne stand, konnte noch fast 200 Jahre lang besucht werden, bis auch sie zerbrach und in den Fluten verschwand. 1635 wurde nahe dem Ortsrand von Tinnum Sankt Niels erbaut – wie ihre Vorgängerkirche benannt nach Nikolaus, dem Bischof von Myra und Schutzheiligen der Seefahrer. Als die Westerländer sich 1908 eine neue, geräumige Kirche leisteten, nannten sie auch diese Sankt Nicolai und schafften den aus Eidum geretteten Taufstein dorthin.

Der Blick des Besuchers der alten Dorfkirche Sankt Niels wird schon beim Eintritt gefangen von einem spätgotischen Schnitzaltar aus dem 15. Jahrhundert. Solche dreiflügeligen Altaraufsätze findet man auf Sylt auch andernorts: in der Keitumer Kirche Sankt Severin und in Sankt Martin zu Morsum. Der Schnitzaltar in Sankt Niels aber ist ein Memento. Er stammt aus der untergegangenen Eidumer Kirche, und was er darstellt, ist an dieser Stelle ungewöhnlich. Der Mittelschrein zeigt die Krönung der heiligen Maria zur Himmelskönigin; Gott Vater selbst setzt ihr die Krone aufs Haupt – ein ausgesprochen katholisches Motiv in einer seit der Reformation protestantischen Kirche.

In der Tat haben im 19. Jahrhundert strenge Lutheraner die Entfernung dieses „katholischen" Mittelteils und seinen Austausch gegen ein Bild durchgesetzt, das den übers Wasser wandelnden Jesus zeigt, der dem versinkenden Petrus die Hand reicht. Die beiden Seitenflügel, auf denen die zwölf Apostel dargestellt sind, durften bleiben. Erst 1925 konnte das geschnitzte Altarbild an seinen Platz in der Apsis zurückkehren. Und heute seien wir sogar dankbar, schreibt Traugott Giesen, der jetzt im Ruhestand lebende Pastor von Sankt Severin in Keitum, wo es ebenfalls eine Mariendarstellung gibt, „dass die von innen leuchtende Maria auch in einer protestantischen Kirche gut aufgehoben ist".

Auch die Glocke von Sankt Niels soll von der versunkenen Eidumer Dorfkirche stammen. Aber erst 1875 wurde für sie ein gemauerter Glockenturm direkt an die Kirche gebaut. Eine Weile übersehen habe ich von meinem Platz in einer der vorderen Bänke das vermutlich älteste Erinnerungsstück aus dem versunkenen Eidum: ein durchaus markantes Passionskreuz über dem Rundbogen zur Apsis. Dieses Kreuz, so habe ich inzwischen nachgelesen, wird auf das 13. oder 14. Jahrhundert datiert, der Korpus daran soll in der zweiten Hälfte des 15. Jahrhunderts entstanden sein.

Wenn der Gast Sankt Niels verlässt, steht er wieder auf dem Kirchhof, der das Gotteshaus umhegt, auf einem kleinen baumbestandenen Friedhof, in dessen Stille es rauscht und raunt – wenn man ein Ohr dafür hat. Das Rauschen entsteht in dem Weinlaub, mit dem die Kirchenmauern bewachsen sind und das im Herbst zuweilen feurig leuchtet. Das Raunen aber kommt von den „Kopfsteine" genannten Grabplatten, die an den Außenwänden der Kirche lehnen. Jeder dieser Kopfsteine hat eine Geschichte zu erzählen – die von Kapitän Dirk Meinerts Hahn zum Beispiel, dessen Grabplatte, an die Ostmauer von Sankt Niels gelehnt, die erstaunliche Inschrift trägt: „Denn die Guten sterben nie."

Kapitän Hahn steuerte 1838 den Dreimaster „Zebra" mit fast 2000 deutschen Altlutheranern bis nach Südaustralien und vermittelte den Siedlern dort fruchtbares Land, das sie dann Hahndorf tauften. Die Geschichte schildert den Käpt'n Hahn freilich auch als eine Art frühes Opfer des Fremdenverkehrs im Seebad Westerland: Badegäste hätten ihm, als er nicht mehr zur See fuhr, immer wieder alkoholische Getränke spendiert, damit er ihnen von der weiten Welt erzähle. Und so wurde Dirk Meinerts Hahn nur 56 Jahre alt.

Dass Zeit an diesem Ort anders gemessen wird als sonst auf einer Ferieninsel, zeigt auch die Sonnenuhr aus dem Jahr 1789 an der Südmauer von Sankt Niels, an der die meisten „Kopfsteine" lehnen. Zwei Ortsangaben verweisen dort auf die Dimension, in der wir uns an dieser Stelle bewegen: die Breitengrade von Sylt (54 Grad 50 Minuten) und von Jerusalem (32 Grad 40 Minuten).

Außerhalb des Friedhofs, aber dicht dabei, liegt ein Findling, der laut Inschrift dem Gedenken Jap Peter Hansens gewidmet ist, „dem Begründer der nordfriesischen Literatur in dankbarer Verehrung", auf Nordfriesisch: „Des Stiin waar seet tö lar fan di Faader fan di Nuurdfriisk Literatuur". Jap Peter Hansen (1767–1855) fuhr fünfzehn Jahre zur See, leitete eine Navigationsschule, wurde dann Lehrer und Küster in Westerland und später in Keitum. Seine auf See geschriebene Komödie „Di Gidtshals of di Söl'ring Pidersdei" (Der Geizhals oder der Sylter Petritag) war das erste Buch in nordfriesischer Sprache. Mit der von ihm autodidaktisch entwickelten Orthografie schuf er die Grundlage zur Entwicklung des Nordfriesischen als Schriftsprache. Sein Sohn, der Lehrer und Organist Christian Peter Hansen, der 1803 in Westerland geboren wurde und 1879 in Keitum gestorben ist, hat als Chronist der Insel und Sammler alter Sylter Sagen zum Entstehen der Sylt-Literatur gewiss nicht weniger beigetragen.

Vor Kurzem erst habe ich noch einen zweiten Gedenkstein entdeckt, der viel zu erzählen hat – außerhalb der Friedhofsmauern von Sankt Niels, auf einem Gehweg im Osten der Kirche. Er steht noch nicht lange dort. Die Sylter Freimaurerloge „Frisia zur Nordwacht" hat ihn im März 2009 aufgestellt, zum „Andenken an die Verstorbenen, die mit uns für Toleranz, Brüderlichkeit und Menschenrechte eintraten". Die Loge wurde 1915 in Westerland gegründet und erlebte bald einen starken Mitgliederzuwachs, löste sich aber unter dem Druck des Nazi-Regimes 1935 selbst auf. Der Gedenkstein ist ein wuchtiger Findling, dem die Brüder der Loge, die sich heute wieder treffen, eine eiserne Kette umgelegt haben, und er trägt eine Tafel mit der Inschrift:

Ihr suchet das Ende vergebens,
wir brechen die Kette nicht ab.
Sie reichet vom Osten des Lebens
bis hin gegen Westen ans Grab.

Der Avenarius-Park in Kampen
Der Herr der Kontraste

Sylt ist ein Schauplatz der Kontraste – oder sollte ich lieber sagen: des engen Nebeneinanders enormer Gegensätze? Oft liegen gefühlte Lichtjahre zwischen diesen Gegensätzen – auf den Wegen der Insel sind es aber nur ein paar Schritte.

„Mein Sylt liegt Lichtjahre entfernt", schreibt der bekennende Sylt-Liebhaber Fritz J. Raddatz; „will sagen: beginnt ziemlich genau fünf Gehminuten von Kampens ‚Whiskymeile' entfernt", wo er die „klischeesüchtige Klientel, Kreissparkassendirektoren mit zu grünen Jacken, zu blonden Zweitfrauen und zu roten (Leih)wagen" angetroffen hat, „die sich die Hälse verrenken – schon vormittags beim Sekt – nach ‚Prominenz'". Raddatz geht zum Kampener Watt. Und da umfängt ihn

„eine geradezu bestürzende Stille". Auf dem „jäh einsamen" Weg dorthin kommt der Spaziergänger am Kampener Dorfpark vorbei. Den gibt es hier schon lange – samt dem großflächig angeordneten, dennoch dörflich anmutenden Kriegerdenkmal und dem Ententeich, vor dem „Der Bürgermeister" ein „Angeln verboten!"-Schild aufgestellt hat. Seit dem 3. Juli 2009 heißt dieser Dorfpark nach Kampens erstem Ehrenbürger Avenarius-Park.

Der 1856 in Berlin geborene Dresdner Ferdinand Avenarius war eine facettenreiche, um nicht zu sagen: kontrastreiche Persönlichkeit. Er gilt geschichtsbewussten Syltern einerseits als der Naturschutzpatron der Insel, besonders des Gebiets zwischen Kampen und List, und andererseits als der Mann, der Kampen weiland zu einer Künstlerkolonie und viele Kampener zu Millionären gemacht hat. Der Publizist Avenarius war zu Beginn des 20. Jahrhunderts etwa so bekannt wie heutzutage Marcel Reich-Ranicki; auch das Etikett „Kulturpapst" hat man ihm – zu seinem Verdruss – angeklebt. In Avenarius' Sog, oder auf seine Einladung, kamen viele Künstler, Maler wie Schriftsteller, nach Kampen, und manche brachten auch ihre Mäzene mit, von denen wiederum nicht wenige sich hier anzukaufen wünschten und Häuser bauen ließen.

Avenarius selbst tat das auch. Am Rande des Geländes, das heute seinen Namen trägt, Ecke

Wattweg und Hans-Hansen-Wai, ließ er 1903 Haus Uhlenkamp bauen, wo er zwanzig Jahre später gestorben ist. Das Haus gibt es nicht mehr. Die Gemeinde Kampen hat es 1957 von den Erben erworben und 1968 weiterverkauft, mit der Auflage, es abzureißen. Man mag das pietätlos finden – ästhetisch ist es nachvollziehbar, denn Uhlenkamp war ein drei Stockwerke hoher kurioser Mix aus alpenländischer Bauweise und reetgedecktem Friesenhaus. Avenarius hatte offenbar die Idee, seine Vorlieben für die Schweiz wie für Kampen auf Sylt sichtbar werden zu lassen.

In Haus Uhlenkamp brachte Avenarius seine Gäste unter, vorübergehend auch die Redaktion des von ihm bereits 1887 gegründeten „Kunstwarts", der Anfang des 20. Jahrhunderts zur meistgelesenen Kunstzeitschrift jener Zeit geworden war. Dem Herausgeber Avenarius, Sohn einer Halbschwester Richard Wagners, ging es dabei um eine Art Gesamtkunstwerk, mindestens um eine Gesamtschau aller Künste, die er „in ihren Beziehungen gemeinsam betrachtet" wissen wollte. „Der Kunstwart" focht für den Naturschutz, polemisierte „gegen die Verflachung des Kinos" und forderte „grammofonfreie Häuser". Aber er stellte seinen zeitweilig 20 000 Lesern auch Autoren des 19. Jahrhunderts wie Hebbel, Mörike, Storm, Fontane und Raabe vor.

Avenarius selbst liebte die Lyrik und scheute auch als Dichter weder Pathos noch Polemik. Das

Gedicht jedenfalls, das im Kampener Dorfpark, in Bronze gegossen, als Teil des hiesigen „Kunstpfades" von der Dichtkunst des Namensgebers zeugt, liest sich so, als habe Avenarius jener klischeesüchtigen Klientel, die sich entlang dem nahen Strönwai die Hälse nach Prominenz verrenkt, eine Nase drehen wollen:

> *Meine Herren und Damen,*
> *ich pfeif auf einen „unsterblichen Namen".*
> *Doch ein stilles Werk unsterblicher Kraft,*
> *das leise weiter und weiter schafft,*
> *ohne dass wer einen Namen nennt,*
> *das wär was, was ich mir wünschen könnt.*

Keine Einwände hätte Avenarius gewiss gegen die Aufstellung der bizarren, bis zu zwei Meter hohen Stelen gehabt, „Objets-trouvés-Skulpturen", die dem künstlerisch nicht bewanderten Besucher in Teilen des Parks Rätsel aufgeben: Objektkunst aus Treibgut, von Wellen, Sand und Wind vorgeformte Materialien wie Stein, Holz und Metall, die, von einem Künstler bearbeitet und zusammengefügt, eine räumliche Erlebniseinheit von Natur und Kunst vermitteln wollen.

Der Künstler ist Autodidakt, ein naturverliebter Amerikaner namens Greg Baber, der selbst gestrandet ist: irgendwann in den siebziger Jahren während seines Studiums der Meeresbiologie, zuerst in Kiel, dann auf Helgoland und schließ-

lich in Kampen auf Sylt. Da ist er nun seit dreißig
Jahren „Abteilungsleiter Strand" der Gemeinde
und arbeitet für den Tourismus-Service, der früher Kurverwaltung hieß und jetzt Babers Arbeiten
im „Kaamp Hüs" ausstellt und feilbietet.

Ein Kontrast eigener, gänzlich naturbelassener
Art erwartet den Besucher, wenn er am Ententeich vorbei- und um den Hügel des Kriegerdenk-
mals herumgeht: eine große freie Wiesenfläche.
Nichts sonst. Das heißt, an der Nordseite dieser
Wiese ist ein kleiner Bouleplatz, mit separatem
Eingang, darüber ein Schild mit der – wohl dem
weltmännischen Image des Ortes geschuldeten –
Inschrift „Boulodrome Kampen". Im Übrigen gibt
es rund um die Wiese nur ein paar Bänke für Rast-
suchende, eine davon direkt unter dem Gerüst
einer Alarmsirene, und die nun auch anderswo
üblichen Hilfsmittel für Hundeführer: schwarze
„Schietbüdel" mit piktografischer Gebrauchsanweisung.

Ich denke, auch diese Wiese hätte dem Naturschützer Avenarius gefallen. Auf mich wirkt sie
wie eine Demonstration: Seht her, so viel unbe-
bauter Raum, und das in einer Gegend, wo der
Baugrund und die Häuser darauf Millionen kosten – ganz so, als wäre der Blanke Hans, dem hier
Trutz geboten wird, nicht die Nordsee, sondern
ein Immobilienhai.

Das Dammwärterhaus
Ein Ort der Nostalgie

Einsamkeit – das war es, was manche Menschen früher auf dieser Insel gesucht und wohl auch gefunden haben. Wer heute nach Sylt kommt, hat vermutlich anderes im Sinn, hätte auch Mühe, Einsamkeit zu finden. Aber es gibt sie noch. Es gibt sie paradoxerweise an der Einmündung jenes Eisenbahndamms, der die Insel mit dem Festland verbindet und der die Einsamkeit von der Insel vertrieben hat.

Dieser Dammbau war immer schon umstritten. Die Gegner sagten, die Eisenbahnverbindung zum Festland werde die Eigenart der Insel und ihre Ursprünglichkeit zerstören. Die Befürworter hingegen prophezeiten, der Damm werde Fortschritt und Wohlstand auf die Insel bringen.

Offenkundig hatten beide Parteien recht. Und vermeidbar war der Damm wohl nie.

Der Sylt-Chronist Christian Peter Hansen hat den Plan einer festen „Verbindung zum Continent" schon 1856 vorgetragen. Fertig war der Entwurf „betr. Bau eines hochwasserfreien Dammes vom Festland zur Insel Sylt" des Wasserbauamts Husum aber erst 1914. Den bereits 1913 vom preußischen Landtag genehmigten Baubeginn verhinderte dann der Ausbruch des Ersten Weltkriegs, in dessen Folge Deutschland 1920 Nord-Schleswig an Dänemark abtreten musste. Das heißt, der bis dahin wichtigste Verkehrsweg auf die Insel, die Fährverbindung zwischen der – nun dänischen – Hoyerschleuse und dem Hafen Munkmarsch auf Sylt führte durchs Ausland, und das ließ den Plan einer „deutschen Verbindung" zum Festland wieder aufleben.

1923 begann der technisch aufwendige Dammbau entlang der Wattwasserscheide zwischen Morsum und der Wiedingharde, also dort, wo bei Flut das von Norden und von Süden einströmende Wasser zusammentrifft. Aber noch im selben Jahr spülte eine schwere Sturmflut alles Geplante wieder weg. Erst im Frühjahr 1924 konnte weitergebaut werden.

Bereits um dieselbe Zeit entstand dort, wo der Damm auf Sylts Nösse-Halbinsel einmündet, ein inseltypisches reetgedecktes Haus mit zwei familiengerechten Wohnungen als Bleibe für die sogenannten Dammwärter. Deren Aufgabe war es, namens und im Auftrag der Reichsbahn die Gleise zu kontrollieren und notfalls zu reparieren – und das meist bei Nacht und Lampenschein, wenn keine Züge mehr fuhren. Auch sollten sie wohl unerwünschte Nutzer des Dammes – ob Mensch oder Tier – abschrecken, denen die neue Landverbindung Anlass genug war, sich der Insel Sylt auch ohne Eisenbahn zu nähern.

Fertiggestellt war der rund 25 Millionen Reichsmark teure, 11,2 Kilometer lange Eisenbahndamm 1927. Der Reichspräsident und Tannenberg-Sieger Generalfeldmarschall Paul von Hindenburg ließ es sich nicht nehmen, zur Einweihung persönlich zu erscheinen, und der Generaldirektor der Reichsbahn Julius Dorpmüller nahm dies zum Anlass, das Bauwerk bei der Einweihungsfeier „Hindenburg-Damm" zu taufen, ohne sich vorher dafür interessiert zu haben, ob die Einheimischen damit einverstanden waren. Für diese markiert das Jahr 1927 wohl auch eher den Zeitpunkt, von dem an sie ihre Häuser nachts nicht mehr – wie früher – unverschlossen ließen.

Dammwärter gibt es schon lange nicht mehr, wohl aber das Dammwärterhaus, ebenso wie die unerwünschten Nutzer des Damms. Zuweilen sind sogar Wanderer darunter, denen ein nächtlicher Fußmarsch neben den Gleisen als preiswerteste Möglichkeit der Annäherung an die Insel erscheint – und die am Morgen dann manchmal schlafend im Garten des Dammwärterhauses angetroffen werden. Weniger auffällig, aber nicht minder ungebeten nutzen den Damm Maulwürfe, Dachse, sogar Maikäfer, aber vor allem Füchse, die es vordem auf der Insel nicht gab und die, obwohl sie gejagt werden, den Brutvögeln das Leben seither immer schwerer machen.

Als Margrit und Harm Dunker, Wahl-Sylter seit 1969, im Jahr 1975 das Dammwärterhaus entdeckten, war es ziemlich heruntergekommen – aber billig. Die Dunkers wussten zum einen, dass erschwingliche Wohnungen für Einheimische kaum noch zu bekommen waren, und zum anderen bot ihnen das Haus die Möglichkeit, sich an dem auf Sylt mittlerweile vorherrschenden Erwerbszweig zu beteiligen: der Vermietung von Ferienwohnungen, jedenfalls an solche Gäste, die der Landschaft wegen kommen und nicht wegen der Lustbarkeiten. Harm und Margrit Dunker kauften der Bahn das marode Dammwärterhaus ab und begannen, die Wohnungen gründlich zu renovieren und das Umfeld des Hauses aufwendig zu bepflanzen. Mehrere Hundert Bäume und Sträucher dienen nun als Sicht- und vor allem als Lärmschutz – die seit 1973 zweigleisige Bahnstrecke führt dicht hinter dem Haus vorbei.

Feriengäste schreckt das offenbar nicht ab. Die Stammgäste sagen sogar, nach kurzer Zeit hörten sie die Bahn gar nicht mehr. Und wenn doch, dann entschädige sie der weite, gänzlich unverbaute

Blick auf das nahe Wattenmeer oder die Möglichkeit, aus dem Schlafzimmerfenster Rehe, Hasen
und Fasane in freier Natur zu beobachten.

Es ist gar nicht so einfach, das Dammwärterhaus zu finden. Wer kein zielloser Wanderer oder
entdeckungslustiger Radfahrer ist, braucht einen
wachen Orientierungssinn, denn es ist andert-
halb Kilometer vom äußersten Ortsrand Morsums
entfernt, und die Straße dorthin ist noch eine alte
Sylter Straße: eine einspurige Betonpiste, auf der
Autofahrer die Besorgnis nicht loswerden, es
könnte ihnen ein anderes Auto entgegenkom-
men. Ausweichmanöver sind, vor allem wenn die
Piste wie hier durch ein Wäldchen führt, mindestens kompliziert. Wanderer wiederum, die mehr
oder minder zufällig zum Dammwärterhaus finden, haben den Dunkers häufig empfohlen, auf
ihrem Gelände doch bitte einen Kaffeegarten ein-
zurichten – was diese aber ebenso ablehnen wie
alle Kaufangebote, die sie mittlerweile erhalten
haben.

Der Blick vom Dammwärterhaus aufs Wattenmeer endet erst an den Ufern der Insel Föhr, und
wenn es dunkel geworden ist, gewinnt diese Aus-
sicht etwas Geheimnisvolles. Links, wo das Festland liegt, schimmern die Lichter von Dagebüll.
Und wer weit genug vor das Haus tritt, kann
rechts den Leuchtturm von Amrum sein Blink-
feuer aussenden sehen. Dies ist ein nostalgischer
Ort. Er gemahnt – eben da, wo der Damm auf der

Insel ankommt, der alles verändert hat – an das Sylt, das davor war; hier hat sie überlebt, die Vergangenheit.

Hier könnte Rainer Maria Rilke, wäre er je auf Sylt gewesen, sein Gedicht auf eine Nordsee-Insel und ihre „Wohner" eingefallen sein:

Die nächste Flut verwischt den Weg im Watt,
und alles wird auf allen Seiten gleich;
die kleine Insel draußen aber hat
die Augen zu; verwirrend kreist der Deich

um ihre Wohner, die in einen Schlaf
geboren werden, drin sie viele Welten
verwechseln, schweigend; denn sie reden selten,
und jeder Satz ist wie ein Epitaph

für etwas Angeschwemmtes, Unbekanntes,
das unerklärt zu ihnen kommt und bleibt.
Und so ist alles, was ihr Blick beschreibt
von Kindheit an: nicht auf sie Angewandtes,
zu Großes, Rücksichtsloses, Hergesandtes,
das ihre Einsamkeit noch übertreibt.

Die andere Seite von Sansibar
Nur ein Fußmarsch zum Weltnaturerbe

Sansibar auf Sylt ist Kult – *die* Sansibar, wohlgemerkt, also jener ehemalige Strandkiosk in den Dünen oberhalb des gleichnamigen Stücks FKK-Strand zwischen Rantum und Hörnum, der in den vergangenen dreißig Jahren zu dem Sylter In-Restaurant schlechthin geworden ist und obendrein zu einer Marke, die über die lokale Restauration weit hinausreicht. Es ist fast alles richtig, was dieser Sansibar in den einschlägig interessierten Gazetten immer wieder zugeschrieben wird (Promi-Treff, Schauplatz für die Feiern „der Reichen und der Schönen", abends auf Monate ausgebucht), aber es beschreibt nicht, was die Sansibar einmalig, was diese gloriose Bretterbude wirklich zum Kult gemacht hat.

Das Geheimnis der Sansibar ist, dass sie ihre Klientel eben nicht separiert, sondern eher zusammenführt und dieses Kunststück auch aushält, ohne Unterschiede im gastronomischen Angebot zu machen, und das bei einem untadeligen Preis-Leistungs-Verhältnis. Das „Promi-Gucken" lohnt sich hier ohnehin erst ab 18 oder 20 Uhr, wenn die Tische für die beiden Abendschichten reserviert und in der Tat oft lange im Voraus ausgebucht sind. Aber vorher kann sich hier jeder, der (in der Saison) die Geduld aufbringt, auf einen freien Tisch und auf eine der an manchen Tagen 3000 Portionen zu warten, die in stets gleicher Qualität aus der Küche kommen, an Essen und Trinken und an dem immer gut gelaunten, aufmerksamen Service erfreuen – Kinder und Hunde ausdrücklich willkommen. So ist die Sansibar zum bevorzugten Ort für die Feste der sogenannten Prominenz, aber auch zum Ziel der ganz normalen Tagestouristen, Strandbesucher und der ziemlich zahlreichen Menschen geworden, die daheim unbedingt erzählen wollen, auch sie seien in der berühmten Sansibar gewesen.

Diese Balance zu halten ist das Geheimnis der Sansibar, und das Geheimnis hat auch einen Namen: Herbert Seckler, Sylter Gastronom mit schwäbischem Migrationshintergrund, längst selbst ein „Promi", oft beschrieben und noch öfter abgebildet, mit oder ohne die gekreuzten Säbel, die auch schon lange nicht nur das Logo der Sansibar und des ihr zugehörigen Weinhandels darstellen, sondern auf einer Fülle von Waren zu finden sind, deren Marketing-Erfolg auf der Popularität der Marke Sansibar und ihres Patrons beruht. Der freilich ist als Wirt die Seele vom – inzwischen recht ausgedehnten – Geschäft. Oder wie Claus Jacobi, einer seiner Stammkunden seit Jahrzehnten, bei der Verleihung des Kommunikationspreises „Goldene Feder" an Herbert Seckler gesagt hat: Herberts Seele ist für den Erfolg der Sansibar wichtiger als seine Seezunge.

Aber Sansibar hat auch eine andere Seite – nicht das Restaurant freilich, sondern der Abschnitt des Weststrands zu seinen Füßen. Die andere Seite von Sansibar ist die Wattseite, nicht weit entfernt, denn die Insel ist an dieser Stelle nur ein paar Hundert Meter breit. Wer also nicht unbedingt in der Sansibar gewesen sein muss, kann nach einem kurzen Fußmarsch zwischen ziemlich hohen Dünen einen Nationalpark betreten, den Nationalpark Schleswig-Holsteinisches Wattenmeer. Den gibt es, auf beharrliches Drängen der Naturschützer, seit 1985. Und seit 2009 trägt er, einschließlich des Seegebiets bis zur Zwölfmeilenzone, das Prädikat „Weltnaturerbe", verliehen von der UNESCO. Wo genau er beginnt, sagt dem Wanderer ein Schild, nämlich „150 Meter seeseitig von der Mitteltidenhochwasserlinie". Doch auch wer nicht weiß, wo die Mitteltidenhochwasserlinie verläuft (aber gut zu Fuß ist), kann hier schöne Wanderungen entlang dem Wattsaum machen, nach Norden bis Rantum und nach Süden bis Puan Klent oder gar bis zur Budersanddüne in Hörnum. Die Wahrscheinlichkeit, dass dem Wanderer dabei viele Menschen begegnen, ist selbst im Sommer gering.

Immer hier aber ist da dieser Sendemast, der mit Abstand höchste Bau auf der Insel. Schwindelerregend, befremdlich, nicht hergehörig steht diese Nadel in den Dünen, als wolle sie den friesischen Himmel das Fürchten lehren und ein Loch in die manchmal dramatisch niedrig heranstürmenden Wolken stechen. Was soll das, welches Radio braucht so eine riesige Antenne, wer soll hier womöglich abgehört werden? Ein Hauch von Spionagethriller, von James Bond mischt sich in die nicht selten heftigen Winde, denen der Mast standhalten muss. Ein Sendemast ist das – so viel schwant wohl auch dem technisch nicht bewanderten Touristen. Vielleicht hat die Himmelsnadel auch so manche in der Sansibar tafelnden VIPs zu der Annahme verleitet, das Ding diene der Vermeidung von Funklöchern, also ihrer jederzeitigen Erreichbarkeit und der reibungslosen Funktionsfähigkeit ihrer Blackberrys. Die aber besorgt ein vergleichsweise unscheinbarer Sendemast am südwestlichen Ende des Parkplatzes Sansibar 1.

Der naheliegende Verdacht, es handle sich bei dem hohen Sendemast um eine der zahlreichen Hinterlassenschaften des Militärs, ist nicht ganz falsch. Errichtet hat den Mast 1962 die U.S. Coast Guard, der amerikanische Küstenschutz, der als waffentragender Teil der Streitkräfte gilt und im Krieg der US-Marine untersteht, im Frieden dem Verkehrsminister. Der Sylter Sendemast ist – oder war – Teil eines weltumspannenden Netzes von sogenannten Loran-C-Stationen. Das steht für Long Range Aid to Navigation, zu Deutsch: Navigationshilfe mit großer Reichweite. Das Ding ist, vereinfacht ausgedrückt, ein überdimensioniertes Navi, besser gesagt: ein elektronisches Leuchtfeuer. Und dessen Reichweite ist groß: Sie erfasst den gesamten Nordatlantik und dient der exakten Positionsbestimmung zu Wasser, zu Lande und in der Luft – vorausgesetzt, das geortete Objekt kann die mit 300 Kilowatt gesendeten Signale der Station empfangen.

Der Sendemast endet exakt 194,35 Meter über dem Meeresspiegel und ruht am Boden auf einer verblüffend kleinen quadratischen Grundfläche. Gehalten wird er von 48 Stahlseilen, die in dem sandigen Dünenboden an tonnenschweren Betonklötzen verankert sind. Damit der Mast den immer reger werdenden Flugverkehr auf der Insel nicht gefährdet, ist das Tragwerk rot-weiß beschichtet, und für das Erkennen bei Nacht sind auf vier Ebenen des Mastes rote Flugwarnleuchten angebracht. Die ganze Anlage ist außerdem abgesperrt, und zwar von einer Art hölzernem Jägerzaun, der auf dieser Insel der steinernen

Friesenwälle den Eindruck des Fremdartigen
noch verstärkt.

Die Besatzung der Coast-Guard-Station hat
über dreißig Jahre lang mit Weib und Kind auf
Sylt gelebt, einige waren in Puan Klent statio-
niert, das in früheren Jahren auch als die eigentliche Adresse der Loran-Station galt. Der Gebäude-
komplex Puan Klent (zu Deutsch: der Dünenvor-
sprung des Pua), heute wieder ein der Stadt Hamburg gehörendes Jugenderholungsheim, hat eine
ziemlich abenteuerliche, vom Militär und den
Wirren zweier Weltkriege beherrschte Geschichte. Seinen Namen schuldet Puan Klent einer nicht
minder abenteuerlichen Figur aus dem reichhal-
tigen Personal der Sylter Sagenwelt: Pua Moders,
einem friesischen Eulenspiegel, Sohn einer Sylte-
rin und eines Zigeuners. Der – so erzählen Chro-
nisten wie Christian Peter Hansen – habe im
16. Jahrhundert nicht nur den Syltern, sondern
auch den Bewohnern der Nachbarinseln schlim-
me Streiche gespielt, sodass die Insulaner erleich-
tert gewesen sein sollen, als Pua Moders bei seinen
Eskapaden schließlich im Wattenmeer ertrank.

Bis 1989 blieb die Sylter Loran-C-Station eine
Dienststelle der U.S. Coast Guard. Nach dem Ende
des Kalten Krieges erschien der europäische Teil
des Loran-Systems den amerikanischen Militärs
entbehrlich, und die Coast Guard rückte ab. Die
Anlagen überließ sie den Gastländern. Zuständig
für die Sylter Station war nun das Tönninger Was-

ser- und Schifffahrtsamt, das die Station zunächst im Auftrag der Amerikaner weiter betrieb. 1994 lief der Vertrag mit der Coast Guard ab.

Vielleicht wäre das der geeignete Zeitpunkt gewesen, das Mordsding auf der anderen Seite von Sansibar abzubauen. Das Gegenteil geschah. Dänemark, Frankreich, Deutschland, Irland, die Niederlande und Norwegen waren bereits 1992 übereingekommen, die insgesamt neun europäischen Loran-C-Stationen unter der Bezeichnung Northwest European Loran-C System (NELS) weiter zu betreiben. Die Bundesrepublik investierte 6,6 Millionen Mark in die Umrüstung des Senders und die fällige Restaurierung des Sendemasts, obwohl Loran C in der internationalen Seefahrt als Auslaufmodell gilt und angehende Navigationsoffiziere den Umgang damit nicht mehr lernen müssen.

Ein Grund für die Beibehaltung des Systems Loran C mag der Wunsch der Europäer gewesen sein, nicht nur auf die satellitengestützten Navigationssysteme der Amerikaner (GPS) und der Russen (GLONASS) angewiesen zu sein. Ein anderer Grund dürfte die enorme Zielgenauigkeit des Loran-C-Systems sein. Einige Stationen, darunter die Sylter, liefern seit September 2000 Korrektursignale für die Satellitennavigation nach dem sogenannten Eurofix-Verfahren, das die Positionsbestimmung mit einer Genauigkeit von fünf Metern erlaubt. Das geht nur mithilfe einer Technik der Spitzenklasse, die es mit dem satelliten-

gestützten GPS-System aufnehmen kann. Die ba-
rackenartigen Gebäude an der Hörnumer Straße,
zu Füßen des Sendemasts, sehen zwar nicht so
aus, aber sie bergen elektronische Instrumente im
Wert von Millionen; die Geräte werden ständig
gewartet.

Das also ist die andere Seite von Sansibar. Aber
sie wäre unvollständig beschrieben ohne die
Geschichte des Ekke Nekkepen – dieser kuriosen
Mischung aus nordfriesischem Meergott und
Rumpelstilzchen. Denn die Dünen um Rantum
sind ein wichtiger Schauplatz dieser Geschichte.

In alter Zeit, als Ekke (ursprünglich vielleicht
Eie oder Eike) Nekkepen noch im Meer regierte,
machte er Sylter Seefahrern mit widrigen Winden
gehörig zu schaffen, brauchte aber gelegentlich
auch ihre Hilfe, beispielsweise Geburtshilfe für
seine Frau Ran. Der wird in Christian Peter Hansens Sagensammlung eine hässliche, walrossähn-
liche Gestalt zugeschrieben. Ekke sah vermutlich
nicht wesentlich anders aus, was ihn aber nicht
hinderte, von Zeit zu Zeit verkleidet an Land zu
kommen und dort hübschen Mädchen nachzustel-
len. So warb er heftig um die schöne Inge von Rantum, steckte ihr eines Tages im Taatjemglaat, dem
Küssetal, einen goldenen Ring an den Finger und
rief: „Nun bist du mein!" Aber Inge weinte und bat
um ihre Freiheit. Da ließ der Meermann die Jung-
fer mit dem Versprechen los, dass sie wieder frei
sein solle, wenn sie bis morgen seinen Namen

wisse. Inge ging in Rantum von Haus zu Haus, aber niemand kannte ihren Freier. In der Nacht wanderte sie schlaflos und schweren Herzens durch die Dünen zwischen Rantum und Hörnum.

Da hörte sie in einem Dünental plötzlich jemanden ein Lied singen. Es war ihr Freier, und er sang:

Ekke soll brauen
Und Ekke soll backen
Ekke will Hochzeit machen
Inge von Rantum ist meine Braut
Ich bin Ekke Nekkepen
Und das weiß niemand als ich allein.

Nun eilte Inge zum Küssetal, und als ihr Freier kam, ging sie ihm entgegen und rief: „Du bist Ekke Nekkepen, und ich bleibe Inge von Rantum!"

Von Stund an war der Meermann den Rantumern böse. Er versenkte ihre Schiffe und schickte Stürme, Flutwellen und den Flugsand. Tatsächlich musste Rantum in den letzten tausend Jahren mindestens dreimal nach Osten verlegt werden.

Der Sansibar, dieser gloriosen Bretterbude in den Rantumer Dünen, hat Ekke Nekkepen nicht geschadet, im Gegenteil. Vielleicht hat ihr Piraten-Logo, die schwarze Fahne mit den gekreuzten Säbeln, ihm imponiert.

Heimatstätte für Heimatlose
Wen das Meer freigab

Ich stelle mir vor, ein Fremder habe sich auf der
Friedrichstraße an der „Gosch-Ecke" ein Fischbrötchen gekauft, wandere damit in die Elisabethstraße, weil vor Goschs Bistro an den Stehtischen
nirgendwo mehr ein Platz zu finden ist, und biege dann in die Käpt'n-Christiansen-Straße Richtung Strand ein. Er könnte, noch bevor er sein
Fischbrötchen ganz verzehrt hat, unversehens vor
einem weißen Tor mit der etwas sperrigen Aufschrift „Heimatstätte für Heimatlose" stehen und
sich vermutlich fragen, was das soll. Ein Obdach-
losenheim auf der Ferieninsel? Eine karitative
Einrichtung, die irgendwas mit der schroff
modernistischen Kirche auf der anderen Straßen-
seite zu tun hat?

Erst wenn der Fremde genauer hinsieht, wird er hinter dem weißen Tor vier Reihen von schlichten Holzkreuzen auf schmalen Rasenflächen sehen. Ein Friedhof also. Nicht der Friedhof von Westerland – der hätte nicht genug Raum. Dies ist kein Ort, an dem Einheimische begraben liegen. Auf keinem der Kreuze steht ein Name. Dort steht zum Beispiel nur „Westerland Strand 19. 08. 1867" oder „Rantum Strand 16. 02. 1869": Fundorte und Daten. Die Namen der Toten sind nicht bekannt. Die Leichen, die von der Nordsee an die Sylter Westküste gespült wurden, hatten nichts mehr bei sich, woran man sie hätte identifizieren können. Es gibt nur einen einzigen Grabstein, auf den man den Namen des schließlich doch noch identifizierten Toten hat schreiben können: „Hier ruhet in Gott Harm Müsker, verunglückt bei der Strandung der Gerhardine vom 2.–3. October 1890." Da war er gerade mal 18 Jahre alt.

Wer verweilen und den Geschichten nachspüren will, die diese Stätte zu erzählen hat, der findet an der Stirnseite des kleinen Friedhofs der Namenlosen eine Bank, die dazu einlädt. Wenn ich da raste, kommt mir ein Ort auf der anderen, der kanadischen Seite des Atlantiks in den Sinn, Halifax, Nova Scotia. Dort gibt es auf dem Fairview Lawn Cemetery ein Areal, auf dem 121 der 328 Passagiere der „Titanic" begraben liegen, die das Schiff nach der Kollision mit dem Eisberg nicht mit in die Tiefe genommen hat, sondern deren

Leichen geborgen und nach Halifax gebracht worden sind. Auch dort haben viele Grabsteine keine
Namen, nur eine Nummer und das Datum: „Died
April 15, 1912", der Tag des Untergangs der „Titanic".

Es ist, als habe das Meer die Namen der Toten,
wenn es sie denn freigab, weggewaschen, als spie-
le die Identität, die sie an Land besaßen, keine
Rolle mehr. Sie gehören nun zu einer anderen
Dimension. Sie sind dorthin zurückgekehrt, woher sie stammen und wo Grenzen und Namen
bedeutungslos sind. Auch auf dem Friedhof von
Sankt Severin in Keitum gibt es einen Grabstein
ohne Namen, der den auf See Gebliebenen zuge-
eignet ist.

Man kennt das ja auch von manchen Kriegsgrä-
berstätten. Eine davon ist hier ganz in der Nähe,
unweit der Kirche Sankt Niels, auf dem Friedhof
der Gemeinde Westerland. In einem separaten
Areal sind neun mächtige Steinplatten in eine
Wiese eingelassen, denen maritime Symbole wie
Anker, Seestern und Steuerrad eingemeißelt sind
und dazu die eiserne Inschrift „Helgoland 28.8.
1914". Auf einer der neun Platten steht „Dogger
Bank 24.1.1915". Es sind die Daten zweier See-
schlachten des Ersten Weltkriegs. Am 28. August
1914 besiegten britische Kriegsschiffe vor Helgoland drei kleine deutsche Kreuzer und ein Torpe-
doboot, töteten 700 Seeleute und machten 400
Gefangene. In der Schlacht vor der Doggerbank

am 24. Januar 1915 starben 954 deutsche und vier-
zehn britische Seeleute. Keine Namen, keine großen Worte. Es ist schon so, wie Hemingway gesagt
hat: „Es gab viele Worte, die man nicht mehr
anhören konnte, und schließlich hatten nur noch
Ortsnamen Würde."

Die „Heimatstätte für Heimatlose" hingegen
ziert ein großer Findling, den die rumänische
Königin Elisabeth, geborene Prinzessin zu Wied
und unter dem Pseudonym Carmen Sylva eine
erfolgreiche Schriftstellerin, dem Friedhof 1888
während eines Badebesuchs gestiftet hat. Nach
ihr ist die Elisabethstraße benannt. Der Spruch
auf der Platte, die dem Stein eingepasst ist,
stammt allerdings nicht von der Königin, sondern
aus dem Lied eines Berliner Oberhofpredigers
namens Rudolf Kögel; er hat diesem Ort den
Namen gegeben:

Wir sind ein Volk vom Strom der Zeit
Gespült zum Erdeneiland,
Voll Unfall und voll Herzeleid,
Bis heim uns holt der Heiland.
Das Vaterhaus ist immer nah,
Wie wechselnd auch die Lose.
Es ist das Kreuz von Golgatha,
Heimat für Heimatlose.

Es hat an den Stränden von Sylt seit jeher viele von
der Nordsee angespülte Tote gegeben. In Strand-

protokollen kann man beispielsweise zwischen 1825 und 1854 von vierzig solchen „Fällen" lesen, zwischen 1855 und 1876 von 38. Früher wurden die „Wasserleichen" meist irgendwo in den Dünen verscharrt oder der „Beerdigung" durch den Flugsand anheim gegeben, besonders wenn die „Strandgänger" sie gefunden hatten, denn die waren weit mehr an der angeschwemmten Ladung der gestrandeten Schiffe als an der Identität der Toten interessiert. Und auch solche Strandungen waren zahlreich. Zwischen 1800 und 1850 liefen 104 Schiffe vor Sylt auf Grund und wurden von den kurzen, harten Brandungswellen der Nordsee zerschlagen.

Für die Insulaner, die noch nichts ahnten vom Fremdenverkehr als Einnahmequelle, geschweige denn von explodierenden Baulandpreisen, waren das Glücksfälle. Den „Strandgang" zum Einsammeln der an Land gespülten Ladungsgüter betrachteten sie als Gewohnheitsrecht, er galt der Obrigkeit aber als Strandräuberei, denn die jeweiligen Landesherren beanspruchten das Strandgut schon seit dem 13. Jahrhundert für sich, nach dem Grundsatz: Was niemandem nachweislich gehört, das gehört dem König. In der sogenannten Eiderstedter Strandordnung von 1444 wurden Aufsichtspersonen bestimmt, denen in Rantum und Westerland die Durchsetzung der obrigkeitlichen Ansprüche bei der Bergung des Strandguts und womöglich die Identifizierung der Strandleichen aufgetragen war – die Strandvögte. Die Männer hatten keinen leichten Stand bei der Inselbevölkerung, aus deren Mitte sie stammten; auch waren sie bei Weitem zu wenige, um den „Strandgängern" wehren zu können. Da half es auch nicht allzu viel, dass ihnen 1713 ein „Strand- und Düneninspektor" vorgesetzt wurde.

Ein solcher war es, der Strandinspektor Wulf Hansen Decker, der 1854 – ein Jahr bevor Westerland sich offiziell Seebad nennen durfte – den kleinen Friedhof zur anonymen Beisetzung der Strandleichen anlegen ließ, in gehöriger Entfernung vom Dorfkern Westerlands, in der unbebauten Heide, umgeben nur von einem mannshohen Steinwall, in die ein Tor mit einem Kreuz darauf eingelassen war.

Aber so erscheint dieser Ort nur noch auf sehr alten Bildern. Westerland, die wachsende Inselhauptstadt, hat ihn überwuchert, hat ihn mit Häusern zugestellt, mit einem ziemlich hässlichen Apartmenthaus auf der einen und der steil aufragenden Fassade der Christophorus-Kirche auf der anderen Seite. Die meisten Touristen, die im Sommer auf der Käpt'n-Christiansen-Straße dem Strand zueilen, werden den nun eher niedrigen Wall und das weiße Tor mit der merkwürdigen Aufschrift vermutlich gar nicht wahrnehmen, oder sie werden dann ihren Schritt beschleunigen. Ein Friedhof? Hier?

In der Tat werden hier schon seit 1905 keine Strandleichen mehr begraben, denn der Friedhof musste schon damals „wegen Vollbelegung" geschlossen werden. Die Toten vom Strand – heute meist „Badetote" – werden jetzt auf den Sylter Friedhöfen beigesetzt. Den Ort der Heimatlosen hat die Stadt Westerland zwar mit einem – nun deutlich niedrigeren – Wall umgeben, aber im Übrigen nicht verändert.

Eine Marmortafel zu Ehren von „HERRN STRAENDVOGT DECKER" gibt es. Sie ziert eine Wand der alten Dorfkirche Sankt Niels, wo sie schon dadurch auffällt, dass der Text englisch ist, ausgenommen die Erwähnung von „Herrn Straendvogt Decker". Die Tafel erinnert eigentlich an einen Sohn des Londoner Kaufherrn John Wienholt Esq., Daniel Wienholt, der im Oktober 1799 beim Untergang der Fregatte „Lutine" vor der holländischen Küste nahe der Insel Terschelling ums Leben kam. Die „Lutine" war mit einer von Londoner Banken den Hamburgern gewährten Anleihe in Höhe von 1,5 Millionen Pfund Sterling (in Form von Gold- und Silberbarren sowie Fässern gefüllt mit gemünztem Gold) unterwegs. Das von der Familie Wienholt gestiftete Epitaph in Sankt Niels dankt jenem Herrn Strandvogt für „seine große Aufmerksamkeit und sorgfältige Verwahrung des Eigentums der Leiche".

Dass es sich dabei um die 40 000 Pfund Sterling in Gold handelte, die Daniel Wienholt bei

sich hatte, ist allerdings unwahrscheinlich, wenn
man bedenkt, dass die Leiche 260 Kilometer von
der holländischen Küste bis nach Sylt durch die
Nordsee getrieben ist; in Hörnum wurde sie
geborgen. Der Herr Strandvogt, dem das Wien-
holt-Epitaph dankt, war auch nicht der Initiator
des Heimatlosen-Friedhofs, Wulf Hansen Decker,
sondern das war sein Onkel Broder Hansen
Decker, der Daniel Wienholts Leiche damals auf
dem Westerländer Friedhof bestatten ließ. Vom
Goldschatz der „Lutine", deren Wrack nicht
schwer zu finden war, konnten in den über 200
Jahren seit dem Untergang nur Bruchteile der See
entrissen werden. Geborgen aber wurde die
Schiffsglocke. Sie ist heute beim Versicherungs-
konzern Lloyds in London und kündet dort vom
Schicksal in Seenot geratener Schiffe; zwei Glo-
ckenschläge bedeuten Rettung, ein Glocken-
schlag bedeutet Untergang.

Ich habe von der „Heimatstätte für Heimatlose" lange Zeit nichts gewusst; wahrscheinlich
bin ich, wie andere Fremde, achtlos daran vorbei-
gegangen oder -gefahren; Ecke Käpt'n-Christiansen-Straße und Elisabethstraße ist in der Saison ja
ziemlich viel los. Dabei hat dieser Ort so viel zu
erzählen über das eigentliche Sylt. Die Geschichten, die sich an die Vergangenheit dieses Ortes
knüpfen, sind dem wahren Leben auf der Insel so
nah, wie es nur geht. Und dass dieses kleine
Geviert der Überwucherung durch Bauboom und

Fremdenverkehr standgehalten hat, das macht mir Hoffnung für die Zukunft der Insel.

Wer die „Heimatstätte" durch das Tor zur Käpt'n-Christiansen-Straße verlässt, wird auf dessen Innenseite ein Bibel-Zitat aus der Offenbarung des Johannes finden:

Und ich hörte eine Stimme vom Himmel zu mir sagen: Schreibe: Selig sind die Toten, die in dem Herrn sterben von nun an. Ja, der Geist spricht, dass sie ruhen von ihrer Arbeit; denn ihre Werke folgen ihnen nach.

Der Dorfteich in Wenningstedt
Idyll vor der Brandung

Sylt hat viele Gesichter, aber keines, das man idyllisch nennen möchte. „Die Insel kann wüst, öde und lichtlos angetroffen werden", so der Verleger Peter Suhrkamp, der Sylt wahrscheinlich besser begriffen hat als die meisten Literaten, die er hierhergeholt hat, „auch in einer hellen Nüchternheit, einer frühen Klarheit, auch als seliger Spiegel überirdischer Schönheiten. Aber nie ist sie einfach nur schön und gar nie lieblich."

Keine Ausnahme? Oder vielleicht doch? Suhrkamp hat den Wenningstedter Dorfteich in seiner heutigen Gestalt nicht mehr zu sehen bekommen. 1959, als er in Keitum, auf dem Kirchhof von St. Severin neben Ferdinand Avenarius zur letzten Ruhe gebettet wurde, feierten die Wenningstedter gerade den hundertsten Jahrestag ihrer Gründung als Seebad, und zur Feier des Tages schenkten die Anwohner eines kleinen Binnengewässers, das lange Zeit als Viehtränke und Waschplatz genutzt worden war, diesen Teich ihrer Gemeinde – unter der Bedingung, dass dort ordentlich ausgebaggert werde und dass darin Vogelinseln und drumherum Spazierwege anzulegen seien. Das geschah.

Und nun wird der Wenningstedter Dorfteich auch offiziell als Idyll bezeichnet: Auf den Tafeln, die am Spazierweg rund um den Teich aufgestellt sind, bittet „Der Bürgermeister" die „lieben Besucher", die Tiere und die Natur lieben, die Wasservögel nicht zu füttern, schon gar nicht mit Brot, weil das sowohl für die Tiere als auch für das Wasser schädlich sei. „Ohne Wasser kein Leben. Die Tiere werden krank, natürliche Nahrung wird nicht mehr gefressen. Danke für die Unterstützung."

Wem das noch nicht idyllisch genug ist, der braucht sich nur umzusehen. Dies ist wirklich ein dörflicher Teich, wie man ihn knapp einen Kilometer von der Meeresbrandung und dem hoch aufragenden Roten Kliff entfernt nicht vermuten würde und auch nur dann findet, wenn man von der viel befahrenen Straße nach Westerland in deren Gegenrichtung abbiegt und sich zum Beispiel bei „Fitschen am Dorfteich" auf der Gartenterrasse niederlässt oder noch ein kurzes Stück weiterfährt bis zur Friesenkapelle und dem Denghoog, dieser wohl bedeutendsten steinzeitlichen

Grabkammer im europäischen Norden. Der Teich
sieht fast so aus, als wolle er mit alledem nichts zu
tun haben. Und auch die Wasservögel, die gegen-
über der Friesenkapelle ganz gern mal ein Stück-
chen an Land gehen, erwecken den Anschein, als
hätten sie nichts dagegen, wenn die „lieben Besucher" der Nicht-füttern-Bitte des Bürgermeisters
zuwiderhandeln würden.

Ein gemächlicher Spaziergang rund um den
Wenningstedter Dorfteich ist etwas ganz anderes
als eine Wanderung entlang der Westküste oder
am Watt. Man begegnet dabei weniger Menschen,
und wenn, dann solchen, die anmuten, als wollten sie eine Auszeit nehmen von den Naturgewalten, an die das Meer sie unweigerlich erinnert.

Auch die Attraktionen des zeitgenössischen In-
seltourismus bleiben dem Dorfteich fern. Gewiss,
es gibt im Sommer ein Dorfteichfest mit den üblichen Lustbarkeiten – aber das ist eher was für Einheimische. Und von den 26 ausgesuchten Routen
im „Nordic Walking Park", zu dem das Sylt-Marke-
ting die Insel inzwischen ausgerufen hat, erreicht
gerade mal eine den Spazierweg um den Dorfteich
ein kurzes Stück weit, bevor sie dann gen Osten in
Richtung Braderup abzweigt. Der den Dorfteich
umrundende Spaziergänger muss also kaum damit
rechnen, Menschen anzutreffen, die beim Gehen
wie Skilangläufer ihre Stöcke schwingen und dabei
dreinschauen wie Nichtraucher in einer verqualm-
ten Kneipe (wenn es die noch geben dürfte).

Die unbestreitbare Nähe des Meeres erscheint
an dieser Stelle fast wie ein Gerücht. Der kleine
Wasserlauf, der einst vom Dorfteich in die einen
knappen Kilometer entfernte Nordsee mündete,
ist längst vom Flugsand verschüttet. Die flache
Mulde des Dorfteichs ist gefüllt mit Druckwasser
aus den Dünen und der höheren Geest. Darin grün-
deln Weißfische und Karpfen und im Schlamm
auch Aale. Ab und zu kommt mal eine Möwe vom
Strand zum Nisten an den Teich, aber sonst sind
hier vor allem dörfliche Wasservögel heimisch,
Enten, Blesshühner, Graugänse zum Beispiel, neuerdings sogar Kormorane – und sommers immer
wieder auch ein schwarzer Schwan, von dem die
Anwohner nicht genau wissen, woher er kommt.
Aber sie nennen ihn Tristan.

Platz zum Nisten und zum Brüten finden die
Wasservögel reichlich in jenen beiden Vogelinseln, die zur Anlage des Dorfteichs gehören und
die bis zur Wasseroberfläche so dicht überwach-
sen sind, dass der Betrachter die Vögel, die dorthin schwimmen, zwar zwischen dem Gesträuch
verschwinden sieht – dann aber nicht mehr.

Dieser Dorfteich dürfte einer der wenigen seiner Art sein, in dem Besucher sitzen können,
ohne sich nass zu machen. Denn der Wenningstedter Dorfteich hat seit 2001 eine „Seebrücke" –
einen Promenadensteg aus Holz, der von der
Westseite her 21 Meter weit in den Teich hinein-
ragt. Die Kurverwaltung hat den Steg errichten

lassen, als das Gewässer trocken gelegt und ausgebaggert wurde, um zu verhindern, dass der Teich in heißen Sommermonaten aus Sauerstoffmangel „umkippt" (was schon passiert ist) und die Fische darin sterben. Dieser Steg führt über zwei Rundbögen zu einer sechs mal sechs Meter großen Plattform mit mehreren Bänken darauf. Diese ungewöhnliche Fläche mitten im Teich ist nicht nur bei den Vogelbeobachtern beliebt, sie ist auch schon Kulisse kirchlicher Trauungen gewesen.

Die am nördlichen Ende des Dorfteichs 1914 erbaute Friesenkapelle sieht auf den ersten Blick gar nicht wie eine Kirche aus, und auch im Innern erinnert sie eher an einen Pesel, an die „gute Stube" in den traditionellen Friesenhäusern: kein lang gestrecktes Kirchenschiff, eher ein quadratischer Raum mit der Anmutung eines großen Wohnzimmers, zumal da die Wand des Altarraums mit den zu einem Pesel gehörigen blau-weißen Fliesen gekachelt ist. An die Stelle der frommen Scheu, die den Besucher beim Betreten sakraler Räume oft ergreift, tritt hier alsbald die Empfindung einer friesischen Spielart von Gemütlichkeit. Dass man in einer Kirche ist, daran gemahnt ein Gemälde an der hölzernen Decke mit biblischen Motiven, Sternen und Garben, vor allem aber die an der Empore umlaufenden Worte des Vaterunsers in sylterfriesischer Sprache.

Wer sonntags in die Friesenkapelle kommt, der geht in der Regel nicht gleich nach dem Gottesdienst nach Hause, sondern verweilt noch auf einen Plausch an den hinter der Kirche aufgestellten Stehtischen, holt sich am Tresen bei der Frau des Küsters einen Kaffee und vielleicht auch einen Happen zu essen und besonders gern die hausgemachte Erdbeerbowle, die wegen ihrer wachsenden Beliebtheit neuerdings nicht nur im Hochsommer angesetzt und ausgeschenkt wird.

Der Versammlungsort ein paar Schritte nordöstlich hinter der Friesenkapelle, der Denghoog, ist schon ein paar Tausend Jahre alt. Der Hügel, der sich ehedem hoch über das umgebende Ackerland erhoben hat, war, so vermuten die Archäologen, 3000 Jahre vor Christi Geburt ein Thing-Platz. Mit Sicherheit birgt der Hügel in dreieinhalb Metern Tiefe ein steinzeitliches Megalithgrab. Die Grabkammer ist etwa fünf Meter lang, drei Meter breit und bis zu zwei Meter hoch. Zwölf mächtige Findlinge tragen die drei gewaltigen Decksteine. Wenn man sich traut, kann man diese Grabkammer (unter sach- und fachkundiger Führung) betreten, über eine steile Leiter von oben oder ebenerdig kriechend durch einen sechs Meter langen, knapp einen Meter hohen Gang.

Dem, der dort wieder herauskommt, wird der Wenningstedter Dorfteich ganz gewiss idyllisch erscheinen.

Hörnum-Odde
Spielfeld der Naturgewalten

An der äußersten Spitze der südlichen Nehrung der Insel, „auf Hörnum", wie es korrekt heißt, ist die Dichte der sagenhaften Sylter Geschichten besonders hoch. Kein Wunder: Das lange Zeit unbesiedelte Gelände war ein Ort der Strandungen; also irrten Schiffbrüchige hier herum oder kamen als Strandleichen an, und die Strandräuber, die es ausschließlich auf die angetriebene Fracht abgesehen hatten, kamen auch von den Nachbarinseln, vor allem von Amrum. Jedenfalls waren die Sylter sich einig, dass es auf Hörnum spuke und dass dort ein Treffpunkt der Hexen sei.

Eine ebenso anrührende wie traurige Hörnumer Sage aber gibt es auch, und der Chronist Christian Peter Hansen hat sie in seine Sammlung

aufgenommen. Demnach ist eine reine Jungfrau
auf Hörnum, die sich, um ihre bedrohte Unschuld
zu retten, in die Fluten gestürzt hatte, „nicht bloß
als über das Verderben weinende, klagende und
händeringende Frau, sondern auch als wachender und betender Schutzgeist, der unter dem
Namen Stademwüfke bekannt ist, ab und zu wieder erschienen". Diese Erscheinung soll „sogar
einzelnen Hörnumern gute, ernste, mahnende
Worte zugeflüstert haben", heißt es bei Christian
Peter Hansen. Aber „sie vermochte nichts gegen
die Torheit und Verderbtheit der Menschen und
besonders nichts gegen die Bosheit der heidnischen Sturm- und Meeresgeister, die seit Jahrhunderten Hörnum verwüsten".

Diese Behauptung zumindest lässt sich mühelos verifizieren. Die Hörnumer Odde (was so viel
wie Spitze, Vorsprung heißt), die Südspitzendüne
also, die 1972, als das Gebiet unter Naturschutz
gestellt wurde, noch acht bis zehn Meter Höhe
und rund 600 Meter Breite von Nord nach Süd hatte, ist durch Landabbrüche und Dünenverluste
mindestens 500 Meter kürzer geworden. Bis 1994
verschwanden rund 120 Hektar in den Sturmfluten, allein in dem Jahrzehnt zwischen 1978 und
1988 gingen an der Westseite der Odde mehr als
150 Meter Dünen verloren. Trotz regelmäßiger
Sandvorspülungen ist seit den sechziger Jahren
des letzten Jahrhunderts, in denen der Bauboom
auf der Insel erst so richtig begonnen hat, die hal

be Fläche der Hörnum-Odde, das sind rund 90 Hektar, für immer verloren gegangen. Und das ist wohl noch nicht das Ende vom traurigen Lied.

Die Umrundung der Hörnum-Odde, ein Klassiker unter den Sylter Wanderwegen, ist heute nicht unbedingt ein stiller Weg, eher ein Weg stillen Gedenkens an das Verlorene – an das Muscheltal zum Beispiel, das früher zu den Attraktionen dieser Wanderung zählte: ein charakteristisches Dünental, in dem man die frühen Stadien der Bildung einer Düne gut erkennen konnte; das Muscheltal ist schon seit dem Beginn der 1990er Jahre nicht mehr da. Wer sich zum ersten Mal auf den Rundweg macht, sollte für eine aktuelle Wegbeschreibung sorgen, wenn er nicht Ausschau halten will nach Landmarken, die es gar nicht mehr gibt. Der rote Leuchtturm mit dem weißen Streifen wird zur Rechten freilich während der ganzen Wanderung sichtbar bleiben: „Hauptfeuer Hörnum Odde", so seine offizielle Bezeichnung, war, als er 1907 in Betrieb genommen wurde, eines der ersten Bauwerke hier und hat von 1918 bis 1933 auch die Zwergschule des allmählich entstehenden Ortes beherbergt; heute kann man hier, nach gehöriger Vorbereitung, in 48 Metern Höhe Hochzeit machen. Den kleinen Bruder dieses Leuchtturms, das nur sieben Meter hohe „Richtfeuer Hörnum Odde" hat 1979 die Nordsee geholt. 1940 hatte er noch 180 Meter Abstand zur Abbruchkante, 39 Jahre später stürzte er in die Brandung und verschwand vollständig im Meeresboden.

Man kann die Odde-Umrundung auch als Marsch von einem „Kap" zum anderen planen, nämlich vom „Südkap" zum „Kap-Horn". Das sind die Namen zweier Strand-Restaurationen im hier durchaus populären Bretterbuden-Look, den manche ortsfremden Touristen mit Skihütten assoziieren. Das „Südkap" steht am Oststrand, gegen Ende der Promenade und lockt unter anderem mit dem Blick auf die Nachbarinseln Föhr (links) und Amrum (rechts), die hier in der Tat so nah erscheinen, dass man schnell mal hinrudern möchte. „Kap-Horn" am Weststrand, am Rand der sogenannten Kersig-Siedlung hieß einmal „Barbecue am Meer", bis der neue Besitzer Lars Horn beschloss, unter neuem Namen lokale Hausmannskost anzubieten. Wem die äußerlich ähnliche Sansibar zu anspruchsvoll ist und wer auch auf die gelegentliche Anwesenheit von „Promis" keinen Wert legt, mag hier auf seine Kosten kommen.

Um von der Odde hierher zu gelangen, muss man an dem vielleicht teuersten und zugleich blamabelsten Irrtum des Sylter Küstenschutzes vorbei: an dem „Tetrapoden-Querwerk" zur Rettung der Kersig-Siedlung. Diese um 1960 von dem Kieler Unternehmer Kersig in den Dünen strandwärts von Hörnum erbaute Siedlung aus kleinen, reetgedeckten Sommerhäusern schien dem stän-

digen Substanzverlust an diesem Teil der Westküste trotzen zu wollen. Aber schon im Februar
1962 verschlang eine Orkanflut die Vordüne, und
einige Häuser standen plötzlich direkt am Meer.
Dies erzwang den massiven Einsatz von Schutz-
maßnahmen, von denen die wohl teuerste, die
270 Meter lange Querbuhne aus Tetrapoden, sich
als kontraproduktiv erwies. Tetrapoden sind je
rund sechs Tonnen schwere, aus Beton gegossene,
vierfüßige Klötze, die ursprünglich zur Befestigung der Hafenmauer von Casablanca entwickelt
worden sind. Dort erfüllten sie ihren Zweck. In
der Nordsee aber entstand an der windabgewand-
ten Seite der Betonbarriere eine sogenannte Lee-
Erosion; das heißt, der Sand wurde dort weggewir-
belt, und das bedeutete eine zusätzliche Gefahr
für die Dünenlandschaft der schon schwer genug
unter den Sturmfluten leidenden Odde.

Manchmal kann sich der Fremde des Ein-
drucks nicht erwehren, dieser Ort im Sylter Süden
sei das Stiefkind der Insel, vom Schicksal und von
der Natur vernachlässigt, und das von Anbeginn.
„Im Sommer ein paar Fischer, ab und zu kommt
der Strandvogt vorbei, und von Zeit zu Zeit stran-
det ein Schiff", schreibt Silke von Bremen, die
behutsame Interpretin der Insel, in ihrer „Gebrauchsanweisung für Sylt", „so also müssen Sie
sich das Hörnum von ganz früher vorstellen." Und
so wäre es vielleicht geblieben, hätte nicht der
Reeder Albert Ballin, der Onassis seiner Zeit,

beschlossen, Sylt in die Route seiner Seebäder-
schiffe nach Helgoland einzubeziehen. Er kaufte
den Rantumern, denen damals noch die gesamte
Südspitze gehörte, im Jahr 1900 ein paar Hektar
Land ab und ließ nicht nur eine lange Anlegerbrü-
cke für seine Schiffe bauen, sondern auch einen
Schienenstrang ins 17 Kilometer entfernte Westerland, denn da wollten die Leute doch hin. Nun hatte Hörnum einen Hafen, einen Bahnhof und das
HAPAG-Haus für Ballins Angestellte. Aber der Ausbruch des Ersten Weltkriegs und die Not danach
machten dem Seebäder-Boom ein Ende. Im Jahr
1930 hatte Hörnum immer noch nicht mehr als
sieben Gebäude, den Leuchtturm eingeschlossen.

Das Militär spielte künftig eine entscheidende,
aber zweischneidige Rolle in Hörnums Entwicklung. Schon im Ersten Weltkrieg war eine „Insel-
wache" auf Hörnum in Stellung gegangen. Und von
1935 an baute die deutsche Luftwaffe hier einen
großen Fliegerhorst für Wasserflugzeuge auf, im
Norden des Ortes auch einen umfangreichen
Kasernenkomplex, der im Verein mit den für Ange-
hörige der Soldaten und zivile Beschäftigte gebau-
ten Reihenwohnungen das Landschaftsbild nach-
haltig verschandelte. In den Dünen errichteten die
Militärs mit Flugabwehrkanonen bestückte wuch-
tige Bunker. Die Flak kam tatsächlich zum Einsatz,
denn in der Nacht vom 18. auf den 19. März 1940
flog die britische Royal Air Force sieben Stunden
lang ihren ersten Luftangriff auf deutsches Reichs-

gebiet und warf etwa 1250 Sprengsätze über Hörnum ab – offenbar ziemlich ungenau, denn der angerichtete Schaden war verhältnismäßig gering. Aber der Angriff auf Hörnum brach auch mit einem Tabu: Er war der Auftakt zu einem Bombenkrieg, der zivile Ziele und damit die Zivilbevölkerung nicht mehr verschonte; er war, so gesehen, der Anfang vom Ende.

Zwar galt der Luftangriff auf Hörnum den Briten vor allem als Revanche für das tollkühne Eindringen des deutschen U-Boots U 47 ins „Allerheiligste" der Royal Navy, den Naturhafen von Scapa Flow auf den Orkney-Inseln, den auf Sylt gestartete deutsche Kampfflugzeuge dann auch noch bombardiert hatten. Dennoch war der Plan, Sylt gegen eine drohende Invasion zu befestigen, nicht völlig abwegig. Schon im Ersten Weltkrieg war Sir Winston Churchill, damals vierzig Jahre alt und Erster Lord der Admiralität, mit einem detaillierten Plan zur Eroberung der Insel Sylt hervorgetreten, allerdings ohne Erfolg. Erst im Zweiten Weltkrieg griffen die Generalstäbe der Alliierten Churchills Vorstellung von der Eroberung durch ein Landemanöver wieder auf – allerdings in der Normandie. Die Nordsee-Inseln sind nicht Kriegsschauplatz geworden.

Die Hinterlassenschaften des Militärs aber, in Hörnum immer schon dominierender als im Norden der Insel, wo es sie auch gibt, haben den Sylter Süden vom touristischen Boom der übrigen

Inselorte weitgehend abgetrennt. Viele Menschen im Ort lebten von der Bundeswehr, die 1965 in die Kasernen einrückte, sich inzwischen aber von der Insel zurückgezogen hat. Und ein verlassener Kasernenkomplex mit eingeworfenen Fenstern gleich am Ortseingang wirkt nicht eben einladend, sondern kann die ganze Ortschaft mit der Anmutung des Düsteren, Vernachlässigten infizieren. So sind dem Sylt-Freund Fritz J. Raddatz hier „eine Ansammlung billiger Würstchenbuden, am dünnen Strand ein kreischendbuntes Trampolin, davor ein Minigolfplatz aus Blech und Beton" aufgefallen, kurzum: „Das Heizdeckenparadies des Billigtourismus in Reinkultur."

Aber das war gestern. Wo die trostlosen Kasernen waren, ist nun ein erstklassig angelegter, bereits preisgekrönter 18-Loch-Golfplatz mit Meerblick von allen Greens, zu dem das architektonisch anspruchsvolle, aber nicht protzige Fünf-Sterne-Hotel Budersand gehört. Der Kontrast zu dem Hörnumer Hafen gleich nebenan, der immer noch wie ein Butterfahrten-Stützpunkt anmutet, ist enorm. Und möglich geworden ist diese kontrastierende Entwicklung nur, weil die Wella-Millionärin Claudia Ebert – nicht zuletzt aus alter Anhänglichkeit – beschlossen hat, ausgerechnet hier in großem Stil zu investieren.

Was Hörnum seither erlebt, ist ein Prozess, den man aus dem großstädtischen Raum als „Gentrifizierung" kennt – ein reicher Investor steckt, warum auch immer, viel Geld in einen ziemlich heruntergekommenen Stadtteil mit traditionell einkommensschwacher Bevölkerung, kauft auf, lässt abreißen und neu bauen, die Preise für Wohnraum steigen, eine neue, zahlungskräftige Bevölkerungsschicht wird angelockt, und die zieht ihre gewohnte Infrastruktur allmählich nach: schicke Läden, teure Restaurants – und eh man sich's versieht, ist aus dem hässlichen Ent-lein ein stolzer Schwan geworden.

Es ist durchaus möglich, dass sich auf Hörnum künftig etwas Ähnliches abspielt. Vorausgesetzt, die Fluten der Nordsee lassen es zu.

Sankt Martin zu Morsum
Was Jahrhunderte versammelt haben

Dass Kirchen stille Winkel sein können, wird niemanden überraschen. Schließlich sind sie Orte, die auch (oder gerade) außerhalb der Gottesdienste und des Gemeindegesangs zu stiller Einkehr laden. Die Sylter Kirchen aber stehen auch, wenn nicht vor allem, für die Eigenart der Insel und die Geschicke ihrer Menschen über ein Jahrtausend hinweg, bis in unsere Tage.

Wann die Christianisierung der Insel und mit ihr die Errichtung von Sakralbauten begonnen hat, ist bis heute nicht genau zu bestimmen, erst recht nicht, wann die Einheimischen aufgehört haben, ihre heidnischen Götter zu verehren. Auffällig ist aber, dass die Kirchen oft am Ort vorchristlicher Kultstätten errichtet wurden – vielleicht um die Erinnerung an diese auszulöschen. In alten Chroniken kann man lesen, das sei „im Anfange des elften Jahrhunderts" geschehen. Diese frühen christlichen Gotteshäuser sind nicht erhalten. Es soll einst elf Kirchen auf Sylt gegeben haben, von denen heute noch sechs namentlich bekannt sind und nur zwei noch dort stehen, wo sie erbaut worden sind, nämlich Sankt Severin in Keitum und Sankt Martin in Morsum. Urkunden darüber gibt es nicht, man nimmt aber an, dass die Morsumer Kirche etwa von 1125 bis 1160 erbaut worden ist. Damit wäre sie die älteste noch existierende Kirche der Insel. Andere, womöglich noch ältere Kirchen, wie zum Beispiel Sankt Peter, die zum ersten Sylter Kirchspiel in Rantum gehörte, hat entweder die Nordsee zerstört oder der wandernde Sand begraben, wie Sankt Jürgen im alten List, und sie wurden, wie auch so manches weltliche Anwesen, von den Bewohnern weiter im Osten der Insel neu aufgebaut.

Sankt Martin aber, errichtet auf dem höchsten Punkt des Morsumer Geestrückens, ist noch da, wo sie immer war. Sie ist die erste Kirche, die der Gast, wenn er den Hindenburgdamm überquert und die Insel erreicht hat, dort erblicken kann, obwohl sie keinen nachträglich angebauten Glockenturm hat, sondern, wie ursprünglich die anderen Kirchen auch, nur einen schwarz geteerten frei stehenden Glockenturm aus Holz, einen sogenannten Glockenstapel, auf dem Kirchhof.

Die Glocke darin ist im Jahr 1767 in Hamburg gegossen worden.

Was mir immer wieder auffällt, wenn ich Sankt Martin im Vorbeifahren vom oberen Deck des Autozugs erspähe, ist das strahlende Weiß des turmlosen Kirchenschiffs mit dem markanten Satteldach, das ich anfangs nur als „das weiße Haus von Morsum" wahrgenommen habe. Erst wer sich dorthin begibt, erkennt die harmonischen Proportionen eines romanischen Sakralbaus. Und wer eintritt, mag sich überwältigen lassen von den Zeugnissen der fast tausendjährigen Geschichte, die diese kleine Kirche erlebt und überlebt hat.

Im Dreißigjährigen Krieg zum Beispiel war Sankt Martin eine Wehrkirche. Davon erzählt auf nur acht Zeilen die sogenannte Pesttafel, deren friesischen Text der Gast sich allerdings übersetzen lassen muss. „Unsere Kirche", heißt es da, „war mit Schanze und Graben fest gesichert gewesen, besetzt in aller Eile. Das Jahr darauf die Pest uns flugs gefolget ist." Wann genau das war, wird in dem Text sozusagen versteckt: Aufgehöhte Großbuchstaben der ersten vier Zeilen ergeben als römische Zahlen zusammengezählt: 1628, die der letzten vier Zeilen: 1629. In der Tat scheiterten die Truppen der Habsburger 1628 an der Befestigung der Kirche, aber 1629 raffte die Pest auf der Insel 160 Menschen dahin. Ungeachtet dieser Heimsuchung schließt die Pesttafel mit Gotteslob: IHEHOVA BENEDICTIO SUMMA.

Das Mittelstück des geschnitzten Flügelaltars
zeigt einen sogenannten Gnadenstuhl, in dem
Gottvater der Menschheit seinen toten Sohn zeigt,
flankiert von dem Kirchenpatron Sankt Martin
von Tours zur Linken und – vermutlich – Sankt
Severin zur Rechten; die Seitenflügel zeigen die
zwölf Apostel. Das Schnitzwerk des Mittelteils
stammt aus der Zeit um 1500, wurde aber erst
1933 bei einer gründlichen Renovierung der Kirche auf dem Dachboden gefunden und wieder
angebracht. Bei einer neuerlichen Restaurierung
des Flügelaltars wurde dann 1999 eine verschol-
len geglaubte Abendmahlsdarstellung aus dem
Jahr 1738 entdeckt; das Gemälde diente als Rück-
wand des Mittelteils und hat nun an der Nordseite des Chorraums seinen Platz gefunden. Das aus
zwei Granitblöcken gehauene romanische Tauf-
und Weihwasserbecken in Kelchform dürfte um
die tausend Jahre alt sein, ist aber erst nach lan-
ger Entfremdung als Regenauffangbecken 1932 in
die Kirche zurückgekehrt. Über diesem Becken
erinnert eine Gedenktafel an ein Schiffsunglück
des Jahres 1744, bei dem in Sichtweite der Insel
Sylt fünfzig Morsumer Seeleute den Tod fanden.

Sankt Martin besitzt seit 1831 eine Orgel, die
1908 und dann noch einmal 1965 teilweise ersetzt
und 1973 neu intoniert worden ist. Noch 1986
wurde inmitten der Kirche, am Eingang zur Apsis,
ein backsteingemauerter „Triumphbogen" freige-
legt. Und so ist alles, was die Jahrhunderte hier

versammelt haben, auf seine eigene Art lebendig geblieben bis in unsere Tage.

Leicht haben es die missionierenden Mönche, die weiland das Evangelium nach Sylt brachten, mit den freiheitsliebenden Friesen übrigens nie gehabt. Zu spüren ist das selbst in einer vorreformatorischen Kirche wie Sankt Martin, in der allerdings die – etwa in Sankt Severin zu findenden – Mariendarstellungen fehlen. Den Anspruch der römischen Kurie, unfehlbar zu bestimmen, was ein Christenmensch zu glauben, zu tun und zu lassen habe, wiesen sie weit von sich. Den Zölibat ließen sie nicht gelten, denn sie glaubten, es sei wider die Natur, dass der Mensch sich enthalte. Folglich duldeten sie keinen Priester ohne Ehefrau, weil er fremde Ehebetten beschmutzen könnte. Kinder aus Priesterehen hatten bei den Friesen keinerlei Nachteile zu befürchten. Zwar konnte der 1073 als Gregor VII. zum Papst ausgerufene Benediktinermönch Hildebrand den deutschen Kaiser zum Bußgang nach Canossa zwingen, aber bei den eben erst christianisierten Friesen konnte der Pontifex nichts ausrichten. Die Reformation war dann offenkundig mehr nach dem Geschmack der Friesen. Bereits 1542, nur 25 Jahre nachdem Luther seine Thesen an die Wittenberger Schlosskirche genagelt hatte, war die Reformation Nordfrieslands durch die Annahme einer plattdeutschen Kirchenordnung auf dem Landtag von Rendsburg vollzogen.

Ich will nicht verschweigen, dass mich in Sankt
Martin zu Morsum, angesichts der Schweigen
gebietenden Präsenz der Jahrhunderte, ein vergleichsweise beiläufiges Detail besonders berührt.
Auf dem Kirchhof, halbwegs zwischen dem weißen Kirchenschiff und dem hölzernen Glockenge-
stell, steht ein kleines Bauwerk, das mit einem
Mausoleum keinerlei Ähnlichkeit hat, obwohl es
offenkundig eines ist. Der Bau ist schmucklos aus
Ziegelsteinen gemauert und weiß getüncht wie
das Kirchenschiff, dessen Form es auch nachahmt.
Auf einer hohen Grabplatte an der rückwärtigen
Schmalseite des Baus ist festgehalten, dass hier
zwei Kapitäne ruhen, nämlich „Cap. Heinrich
Spliedt", gestorben 1878, und „Cap. L.H. Corneli-
sen", gestorben 1875, und an erster Stelle „Henriet-
te Spliedt", gestorben bereits 1862, im Alter von 32
Jahren. An der Längsseite des Gebäudes ist ein höl-
zerner Schaukasten angebracht, auch er gänzlich
schmucklos, und hinter dessen Glasscheibe hängt
die Tafel mit jenem Spruch, der mir nicht mehr
aus dem Sinn geht, seit ich ihn gelesen habe:

Mein Vater, ich verstehe Dich nicht,
aber ich vertraue Dir.

Morsum-Kliff
Schaufenster der Erdgeschichte

Es ist nicht damit zu rechnen, dass man hier ins touristische Gedränge gerät, nicht mal im Sommer, und insofern mag man das Morsum-Kliff einen stillen Winkel nennen. Die Wege, auf denen man sich bewegen kann, sind streckenweise beschwerlich zu gehen. Und was sich dem geologisch ungeübten Blick darbietet, ist eher abstrakt als spektakulär – wie die Vorlage zu einem vielfarbigen, aber gegenstandslosen Gemälde: „Als wäre ein Klumpen des alten Chaos in diesen nordischen Meereswinkel von den Fluthen fortgerollt worden, so bunt gemischt, so ganz wunderlich durcheinander drängen sich im Morsum-Kliff Erden und Steine", so hat der Schriftsteller und Jurist Ernst Willkomm den Ort 1850 beschrieben.

Dabei ist dieser Ort eine Sensation – das vermutlich bedeutendste geologische Denkmal Deutschlands, ein Schaufenster in fernste Perioden der Erdgeschichte. Man kann getrost sagen: Wer hier nicht gewesen ist, der weiß im Grunde nichts von der Geschichte der Insel, auf der er sein Vergnügen findet. Wenn die Zeit hier zum Raum würde (wie in Richard Wagners „Parsifal"), erreichte unsereins diese Stelle nie. Und wenn die Zeit zum Klang werden könnte, dann vergingen wir im Donner der Jahrtausende.

An dem etwa zwei Kilometer langen und bis zu 21 Meter hohen Morsum-Kliff treten Erdschichten zutage, die zwischen zehn und zwei Millionen Jahre alt sind. Sie heben sich deutlich voneinander ab, und besonders auffällig sind ihre Farbkontraste: vom fast schwarzen Glimmer über den rostroten Limonitsandstein bis zum fast weißen Kaolinsand. Diese alten Ablagerungen sind hier deshalb sichtbar geworden, weil sie während einer Eiszeit an der Front eines gewaltigen Gletschers in Form mehrerer großer Schollen aus dem tief gefrorenen Untergrund und dem ursprünglichen Schichtverband herausgerissen und dann durch den Druck des Eises aufgepresst, schräg gestellt und mehrfach fast wie Dachziegel aneinandergeschoben wurden. „Dieser Prozess", so der Geograf und Fotograf Hans Jessel, „ermöglicht einen einmaligen Einblick in die Landschaftsgeschichte des Raumes: Das Gebiet entwickelte sich damals – durch Landhebungs- und/oder Meeressenkungsprozesse bedingt – von einem flachen Lagunenmeer unter tropischen Bedingungen (Ablagerungen des schwarzen Glimmertons) zum Mündungsgebiet eines gewaltigen, von Skandinavien bis nach Holland reichenden Flusses (Ablagerung des Kaolinsandes). In der Zwischenzeit – als sich die Region dem Einfluss des Meeres entzog – lagerte sich Meeressand ab, der später zum Limonit verkrustete." Die obersten Schichten des Kliffs wie auch die übrige Sylter Geest entstanden während der vorletzten Eiszeit und bestehen vor allem aus braungelbem Geschiebelehm, auch dieser eine Hinterlassenschaft der Gletscher.

Noch einmal Hans Jessel: „Wir wissen heute, dass ein Großteil der norddeutschen Tiefebene einschließlich Sylts dem Eiszeitalter (vor 500 000 bis 120 000 Jahren) seine Existenz verdankt. Ohne die gewaltigen Mengen von Moränenschutt, am Fuße der Gletscher von Skandinavien und dem Baltikum mitgeschleppt – die genaue Herkunft der Eismassen lässt sich noch heute anhand der im Bereich der Insel auffindbaren Steine identifizieren –, läge der Norden der Republik zum überwiegenden Teil unterhalb des Meeresspiegels ... Wäre der Meeresspiegel in den zurückliegenden vier Jahrtausenden noch in gleichem Maße angestiegen wie in jener Phase der Nacheiszeit, als das Wasser Sylt erreichte, gäbe es die Insel längst nicht mehr."

Ein eiszeitlicher Findling ist übrigens an einem der belebtesten Plätze der Insel, am Strandübergang Sturmhaube in Kampen, aufgebaut: 3,5 Meter hoch und 20 Tonnen schwer. Er stammt aus einem Gebirge in Skandinavien und ist vor ungefähr 200 000 Jahren vom Eis auf die Insel transportiert worden. Das erzählt eine dem Stein beigefügte Tafel den zum Strand strebenden Gästen – wenn sie ihn denn beachten.

Das Morsum-Kliff wiederum erzählt denen, die solche Geschichten wissen wollen, etwas über die sagenhafte Urbevölkerung der Insel, die „Önereesken", wie sie auf Sylterfriesisch heißen: zwergwüchsige Gestalten, die in oder sogar unter der Erde gelebt haben sollen. In dem rostroten Limonitsandstein, dem vor neun bis sieben Millionen Jahren abgelagerten verwitterten Meeressand, sind nämlich merkwürdig geformte Verkrustungen gefunden worden, zum Beispiel schälchenförmige Gesteinsscherben, Töpfe, Näpfe und Schüsseln, die von der Sylter Bevölkerung als Gebrauchsgegenstände jener Unterirdischen betrachtet und „Önereeskenpottjüch" genannt wurden.

Über dieses Zwergenvolk der Unterirdischen gibt es im Sylter Sagenschatz viele Geschichten. Man schrieb ihnen geheimnisvolle Kräfte zu, zum Beispiel die Fähigkeit, sich zu verwandeln oder unsichtbar zu machen. Sie sollen zuerst die ganze Insel bewohnt haben, dann aber von den einwandernden Friesen in die Nordheide zwischen Kampen, Braderup und Wenningstedt verdrängt worden sein, wo sie in Hügeln und Höhlen hausten.

Das Verhältnis zwischen den Önereesken und den Sylter Friesen war so gespannt wie überall auf der Welt das Verhältnis zwischen Urbevölkerung und fremden Eroberern; das beschönigen auch die Sylter Sagen nicht. Den Unterirdischen schrieben die Friesen Reichtümer zu und versuchten gelegentlich, solche Schätze auszugraben. Die Unterirdischen wiederum versuchten, Mädchen und Frauen der Sylter Friesen einzufangen oder deren Neugeborene zu rauben. Einmal, so die Sage, wollten die Zwerge eine Frau aus Keitum entführen, doch im letzten Augenblick kam ihr Mann dazu und konnte die Zwerge vertreiben. Diese aber riefen aus dem Dunkel der Erde: „Sobald du über deine Frau fluchst, wird sie unser!" Der Mann hütete nun seine Zunge; aber als seine Frau eines Tages von einem Besuch bei der Nachbarin sehr spät nach Hause kam, rief er zornig: „Wo, zum Teufel, bist du gewesen?" Und im Nu war seine Frau verschwunden.

Die Absicht, im Morsum-Kliff nach verborgenen Schätzen zu graben, nach seltenen Rohstoffen wie Eisenerz oder Titanerz, hat es bis in unsere Tage gegeben. In den 1870er Jahren wollte ein Geologe aus Uetersen am Kliff und auf der Morsumer Heide sogar ein Bergwerk errichten, die Gruben „Barbarossa" und „Ultima Thule", und mit dem dabei anfallenden Abraum sollte ein Damm zum Festland gebaut werden. Solche Attacken auf das Kliff als mögliches Material für den Dammbau hat es auch später noch gegeben, und wer weiß, ob sie nicht erfolgreich gewesen wären, wenn es der Initiative des Wahl-Kampeners Ferdinand Avenarius nicht gerade noch rechtzeitig – 1923 – gelungen wäre, das Kliff und die angrenzenden 43 Hektar Heidelandschaft unter Naturschutz zu stellen.

Das Erdreich für den Dammbau wurde dann anderswo ausgebaggert, im Nössekoog östlich von Morsum, auf dem Weg zum Deich, an dem es übrigens auch einen urigen Badeplatz für einheimische Morsumer (und eingeweihte Gäste) gibt. Die dreieckige Baggergrube lief voll, und zwar voll Süßwasser, und ist heute ein Angelteich. So ist am Ende in der Nössekuhle ein neuer stiller Winkel entstanden – zumindest für Hobby-Angler, die sich bei der Sylter Sportfischer-Vereinigung einen Angelschein besorgt haben.

Und das Morsum-Kliff, dieses aufgeschlagene Buch der Erdgeschichte, dieser Ort, an dem die Zeit in Jahrmillionen gemessen wird, bleibt da.

Die Sylter Sahara
Wie im Mittelpunkt der Welt

Als der Dramatiker Gerhart Hauptmann im Sommer 1915 dort war, schrieb er in sein Tagebuch: „Es ist hier wie auf den Gletschern eines Hochgebirges! Aber diese Einheit von Schneebergen und weitem Meer schafft einen Anblick von solch einem erhabenen Geist, dass mir ist, als habe ich in der Natur nie Ähnliches gesehen." Es ist ein magischer Ort, der solche Empfindungen auslöst, auch noch ein halbes Jahrhundert später, als Ernst von Salomon notierte: „Auf den Gipfeln der Dünen stehst du im Mittelpunkt der Welt, und nichts ist außer dir, und du selbst bist nichts. Nur der Wind weist dir den Weg, treibend und drängend. Du wirst stark, wenn du dich gegen ihn wendest."

Es ist der Norden der Insel, von dem die Rede ist, die „Sylter Sahara": jene Mondlandschaft westlich von List, an der man auf der holprigen Betonpiste, die das Militär hinterlassen hat, entlangfährt auf dem Weg zum nördlichsten Gelände Deutschlands, dem sandigen Nehrungswall, der Ellenbogen genannt wird. Die Sylter Sahara – das sind vor allem drei Wanderdünen, der Rest einer Dünenkette im Westen der Insel, die vor ein paar Tausend Jahren so gut wie ausschließlich aus wandernden Dünen bestand. Heute ist das Wanderdünen-Gebiet etwa zweieinhalb Kilometer lang, durchschnittlich 600 Meter breit, und die einzelnen Wanderdünen sind bis zu 35 Meter hoch.

Natürlich können die Dünen selbst gar nicht wandern. Sondern der vornehmlich aus westlichen Richtungen wehende Wind verbläst den Sand der Düne ostwärts. Die dem Wind zugekehrte Seite (Luv) steigt sanft an, die dem Wind abgekehrte Seite (Lee) fällt relativ steil ab. So entsteht der Eindruck, die Düne bewege sich übers Land. Im Effekt tut sie das ja auch. Sie kommt dabei in einem windigen und trockenen Sommer um die zwölf Meter voran – ohne Rücksicht auf alles, was ihr im Wege ist. So ist nicht nur das alte Rantum untergegangen, sondern auch das alte List. Erst im letzten Drittel des 19. Jahrhunderts, als Sylt preußisch geworden war, hat man damit begonnen, die Dünen systematisch zu bepflanzen, mit Strandweizen, dann mit dem robusteren und höheren Strandhafer; denn die Wurzeln dieser Dünengräser fixieren den Sand, sodass der Wind die Körner nicht mehr forttragen kann. Im Süden der Insel kann man auf kräftig mit Heide oder Krähenbeeren bewachsene und also fixierte Dünen treffen. Im nördlichen Küstenbereich, wo der Wind die westlichen Dünen weiterhin mit Sand übersprüht, ist das anders. Die drei noch verbliebenen Lister Wanderdünen – die einzigen auf deutschem Boden – wandern weiter; die größte von ihnen hat die Straße von Kampen nach List schon fast erreicht.

Alt-List, auch Listum genannt, soll im 14. Jahrhundert, wohl nach der „Groten Mandränke" von 1362, untergegangen sein. Es gibt im Westen der heutigen Ortschaft List ein Dünental, in dem die Umrisse der alten Ansiedlung noch zu erkennen sind. „Wohin wir kommen, sind schon die Toten gewesen und haben ihre Geräte hinterlassen", hat der Sylter Arzt und Lyriker Bodo Schütt geschrieben. Er hat sein Gedicht zwar „Kampener Heide" genannt, aber im Grunde gilt das, was es aussagt, für die ganze Insel. Und in der „Sylter Sahara" sind solche Empfindungen besonders präsent.

Ich habe diese Landschaft, die natürlich unter strengem Naturschutz steht, vom Lister Friedhof her kennengelernt und fand das durchaus angemessen. Der Lister Friedhof ist der einzige Dünenfriedhof der Insel, und die kleine, dorthin führende Abzweigung der Straße, auf der man zum West-

strand gelangt, ist am Ortsausgang leicht zu übersehen. Dabei liegt dort der Mann begraben, der
dem Ort List erstmals zu weltweiter Beachtung
verholfen hat: Wolfgang von Gronau, Chef der
Deutschen Verkehrsfliegerschule, der vom dama-
ligen Seefliegerhorst List im August 1930 mit
einem Dornier-Flugboot namens „Wal" ohne amt-
liche Erlaubnis zu einem transatlantischen Flug
nach New York startete und dort, nach drei
Zwischenlandungen in Irland, Grönland und
Kanada, auch heil ankam. Zwei Jahre später startete Gronau in List zu einer Weltumrundung und
konnte den „Wal" 45 000 Flugkilometer und vier
Monate später vor der Dornier-Werft am Bodensee
sicher landen. List hat Gronau zum Ehrenbürger
gemacht und erinnert an seine Pioniertaten auf
einem Gedenkstein am trubeligen Hafen.

Von dem Friedhof führen schmale Trampelpfade, von denen aus Lister Bürger erkennbar
ihren Hunden ein bisschen Auslauf gönnen, in die
umgebende Dünenlandschaft. Die Pfade weisen
aber auch hinein in ein Dünental, aus dem ein
paar vollständig bewachsene Hügel herausschau-
en: dunkel wie die Farbe der Heide, die hier ange-
wachsen ist, und vollends düster im Kontrast mit
dem Weiß der großen Wanderdüne, die am Ende
des Tales aufleuchtet wie ein Gletscher. Wer es
wagt, das Tal zu durchqueren, sollte nicht nur
physisch, sondern auch psychisch hinlänglich
stabil sein. Denn auch wenn er nicht in der Lage

ist, die Strukturen der Ansiedlung zu erkennen,
die hier untergegangen sein mag, wird er sich,
wie Bodo Schütt, des Gefühls nicht erwehren können, dass die Toten hier schon gewesen sind.

Auf der Düne selbst ist es bei sonnigem Wetter
so blendend hell, dass der Wanderer, der hier
ohnehin nicht sein sollte, sich fühlen mag wie ein
Verbrecher auf Schlafentzug. Die Waschbrettmus-
ter im Sand, die an die Rippelmarken des Meeres-
bodens im Watt bei Ebbe erinnern, sind ein Ausdruck der Dynamik dieser Landschaft, die dem
Wind geschuldet ist. Nur die sogenannten Kups-
ten, die Stellen also, an denen es gelungen ist, auf
der Düne Strandhafer anzupflanzen, ruhen unbe-
wegt in ihrer wandernden Umgebung. Das sind
Anblicke, die den Betrachter daran zweifeln lassen können, noch auf dem Planeten Erde zu sein.
Mondlandschaft eben.

So mutet die Szenerie auch von jener Betonpiste aus gesehen an, die den Gast zum Ellenbogen führt. Man glaubt sofort, dass die NASA-
Astronauten vor der Mondlandung hier trainiert
haben könnten. Und dann kommt man gleich
nach dem großen Parkplatz vor der neuen Lister
Strandhalle (deren Vorgängerin hat die Nordsee
schon lange von der Abbruchkante geholt) buchstäblich an eine Grenze: eine Mautstation. Von
hier aus kostet das weitere Befahren der Betonpiste fünf Euro pro Auto. Man befindet sich auf
privatem Grund und Boden.

Und das nicht nur an dieser Schranke. 1284 Hektar des Listlands nördlich der Kampener Vogelkoje sind bis heute in Privatbesitz – nicht weil ein größenwahnsinniger Investor zugeschlagen hätte, sondern weil sich Erbrecht und Eigentumsbegriff hier im Norden völlig verschieden vom Rest der Insel entwickelt haben. Zu erklären ist das nur historisch. Im 12. Jahrhundert war die Insel dänisches Hoheitsgebiet, 1178 zahlten die Friesen erstmals nachweislich Steuern an die dänische Krone. Und nachdem das alte Listum in der Allerheiligenflut 1436 gänzlich untergegangen war und nach dänischem Recht alles „wüste Land" an die Krone fiel, war der König von Dänemark ohnehin Herr des Listlands und zuständig für die Neubesiedlung. Von ihm erhielten es im nächsten Jahrhundert zwei Fischer aus Fanø als erbliches Lehen, genannt Erbfeste. Die Fischer teilten das Land unter sich auf, und ihre beiden Höfe begründeten das neue List. Die Geschichte vom Westhof und vom Osthof bestimmte fortan auch die Geschichte des Listlands. Und da die Höfe als Erbfesten unteilbar waren, kam es nicht zu der im Süden der Insel mit dem Erbvorgang verbundenen Zersplitterung des Grundbesitzes. Der Norden blieb in der Hand von zwei Familien. 1848 erst wurden die Erbfesten in Privateigentum umgewandelt. Und noch heute gehört das Listland den Nachkommen jener zwei Sippen der Fischer von Fanø: einer 30-köpfigen Erbengemeinschaft mit

den beiden Stammfamilien Diedrichsen (Osthof)
und Paulsen (Westhof).

Wem diese Entwicklung nicht völlig nachvollziehbar erscheint, dem drängt sich erst recht die
Frage auf, warum die Familien Paulsen/Diedrich-
sen nicht wenigstens zehn Prozent ihres Landes
für 100 Euro pro Quadratmeter verkaufen. Sie hätten dann etwa 160 Millionen eingenommen und
immer noch mehr als 14 Millionen Quadratmeter
besten Küstenlandes in ihrem Besitz. Die einfachs-
te Antwort auf diese Frage ist wohl: Das Land steht
unter Naturschutz. Aber das galt auch einmal für
das Gelände an der südlich von List gelegenen
Blidselbucht, wo jetzt im Süderheidetal und in
Westerheide sehr gediegene, reetgedeckte Häuser
den größten Teil des Jahres leer stehen.

Niels Diedrichsen vom Osthof liebt sein sandi-
ges Land am Ellenbogen und seine Schafe, die auf
der Suche nach Gräsern ungeniert die Betonpiste
überqueren, weil den Autofahrern längst klar ist,
dass Schafe am Ellenbogen grundsätzlich Vor-
fahrt haben. Noch mehr Häuser zu bauen, die
monatelang leer stehen – davon hält Diedrichsen
nichts, denn „daran verdienen nur die Architek-
ten und die Makler". Die drei reetgedeckten Frie-
senhäuser beim östlichen Leuchtfeuer (es gibt
auch noch ein Leuchtfeuer Ellenbogen West, beide haben die Dänen gebaut) haben jahrelang die
Biologische Anstalt Helgoland beherbergt; aber
seit 1959 sind sie Deutschlands nördlichste Ferien-

anlage, gemanagt vom Diedrichsen-Stamm. Man nennt die Anlage „Üthörn", wie die Sandinsel im sogenannten Königshafen, wo seltene Seevögel eine Zuflucht finden, weil die Füchse dort nicht hinkommen. Der Königshafen selbst hat historisch eine Rolle gespielt, ist aber längst versandet und bei Flut und gutem Wind ein Tummelplatz der Kite-Surfer. Neuerdings hat nun auch List ein klotziges Wellness-Hotel namens „Arosa", direkt am Strand. Aber auf weitere, millionenträchtige Landverkäufe angesprochen, sagt Niels Diedrichsen kategorisch: „Wir machen nichts."

Wenn er das ernst meint, ist – und bleibt – der Ellenbogen dann ein stiller Winkel? Das war er nie. Gleich links neben der Maut-Piste erhebt sich 26 Meter hoch der Ellenbogenberg, auf dem seit Jahrhunderten bei Nacht und Sturm die Hexen tanzen sollen. Einen Kilometer weiter, an der schmalsten Stelle im Westen des Königshafens, ist bei Sturmfluten immer wieder das Meer durchgebrochen und hat den Ellenbogen von der Insel abgetrennt, bis man in den 1960er Jahren Hunderte von Weihnachtsbäumen in die „Sollbruchstelle" geworfen hat, die sich als Sandfänger seither bestens bewährt haben. Und weiterhin gehört für sehr viele Sylter Silvestergäste der 2,3 Kilometer lange Neujahrsspaziergang um die nördlichste Spitze Deutschlands zum Pflichtprogramm.

Aber eins ist – und bleibt – dennoch wahr: Wer auch mal allein sein, wer seine Wege am Strand

nicht in einer mehr oder weniger dichten Kara-
wane machen will; wer auch in der Hochsaison
immer einen Platz finden will, an dem er seinen
„Claim" abstecken und sich in gehöriger Entfernung zum Nachbarn niederlassen kann; wer die
Sylter Landschaft „naturbelassen" erleben will –
der muss zum Ellenbogen kommen und in die Sylter Sahara.

Die Tinnum-Burg
Kultplatz für Opferrituale?

Wer in Tinnum, diesem ehedem zur Gemeinde Sylt-Ost zählenden Luftkurort, der heute ein glanzloses, aber geschäftiges Anhängsel Westerlands ist, nach einer Burg Ausschau hält, wie wir sie von den felsigen Ufern des Rheins oder aus dem schottischen Hochland kennen, wird keine finden. Und es gibt sie doch, in der Marsch im Süden Tinnums: einen Ringwall von stellenweise acht Metern Höhe, einem Umfang von rund 440 Metern und einem Durchmesser von 120 Metern – ein rätselhaftes Gebilde. Solche „Burgen" gab es auf Sylt noch zwei mehr, eine in Archsum und eine im alten Rantum. Die Archsumer Burg aber ist zerstört und die Rantumer längst versandet.

Die Tinnum-Burg ist auf Sylt also der letzte, obendrein am besten erhaltene Ringwall seiner Art. Ein steinerner Hinweis erklärt den Wanderern, die nicht eben in Scharen hierher kommen, dass die „Anlage aus der Zeit um Christi Geburt im 9. und 10. Jahrhundert wiederverwendet" worden sei. Aber wozu?

Für die heute noch erkennbare Höhe des grasbewachsenen Walls haben aber wohl erst die Wikinger gesorgt. In ihrer Zeit, also vom 9. bis 11. Jahrhundert, war die Burg auch besiedelt; im Innenraum des Ringwalls, wo heute das Schilfgras im Winde wogt, standen Sodenwandhäuser, deren Wände aus Torf- oder Grassoden, vermischt mit Steinen und Erdmaterial, bestanden. Womöglich hatte die Burg zu dieser Zeit sogar einen Zugang zum Meer. Der Prielstrom, der den Wall bis heute im Nordwesten begrenzt und Richtung Wattenmeer fließt, könnte damals ebenso schiffbar gewesen sein wie der kleine, neben der Burg gelegene „Döplem" genannte See, der nun aber eher wie ein Ententeich anmutet.

Überhaupt hat die ganze Szenerie wenig Spektakuläres im Sinne touristischer Attraktionen. Wer sich die Mühe macht, auf den ohne Weiteres zugänglichen Wall zu steigen, hat bei klarem Wetter einen freien Blick über das Marschland oder auf die Westerländer Hochhaus-Bausünden der 1970er Jahre, und er wird dabei mit hoher Wahrscheinlichkeit ungestört bleiben. Stille mag man hier finden. Aber der viel zitierten Sylter Euphorie bietet sich der Ort nicht an.

Der Gemeinde Tinnum muss dies wohl klar gewesen sein, denn sie hat am Rande des tadellosen Zugangsweges zu ihrer „Burg" eine Art Totempfahl aufgestellt, auf dem die Wasserstände diverser Sturmfluten markiert sind, von der zweiten großen „Mandränke" 1634 mit vier Metern über Normalnull (NN) bis zur Halligflut im November 1981 mit 4,10 Metern über NN; auch die „Fluthöhe Husum" ist angegeben: mit 5,15 Metern über NN. Der Gast, der sich das anschaut, muss zu allen diesen Markierungen hinaufblicken; sie sind alle höher als er selbst. Wäre er damals an dieser Stelle gewesen, er wäre ein Opfer der Fluten geworden.

Hier ist, buchstäblich, sagenhaftes Gelände – wie fast überall auf der Insel. Der Boden ist getränkt nicht nur mit den Fluten der Nordsee, sondern auch mit den Mythen und Legenden vergangener Jahrhunderte. Sylt ist immer schon eine einzigartige Sagenlandschaft gewesen; es gibt kaum ein Dünental und erst recht kein Hünengrab, wozu nicht eine Sage oder mindestens eine Geschichte gehörte. Stoff genug haben das abgeschottete Inselleben mit seiner engen Bindung an die Natur, die Dramatik der Strandungen, das Treiben der Strand- und Seeräuber und nicht zuletzt die Wechselfälle der politischen Geschichte der Insel und ihrer Bewohner geboten, ganz zu schweigen von den abenteuerlichen Erlebnissen der Sylter Seefahrer. Heiter sind diese Geschichten alle nicht.

Natürlich ist auch die Tinnum-Burg Schauplatz dramatischer Ereignisse gewesen, wie sie der Sylter Chronist Hans Kielholt aufgeschrieben hat, wennschon ohne genaue Zeitangaben, die auch in der mündlichen Überlieferung dieser Geschichten fast immer fehlten. Es mag also in der späten Wikingerzeit oder zu Zeiten der dänischen Adligen und Lehnsherren gewesen sein, dass in der Tinnum-Burg der holsteinische Ritter Klaus Lembeck hauste. Er hatte von dem dänischen König Waldemar Atterdag die Inseln Sylt, Föhr und Amrum 1362 als Lehen erhalten, führte ein tyrannisches Regiment und beutete die bäuerliche Bevölkerung aus.

Die Sage erzählt, dass im Innern des Burgwalls ein längliches Gebäude stand, das in zwölf Räume aufgeteilt war. Im ersten Raum lag ein runder Schild. Da hinein mussten die tributpflichtigen Insulaner ihre Münzen werfen, denn in der Burg musste „Schatt und Tinse" (Schatz und Zinsen) entrichtet werden. Der Steuereinnehmer aber saß im letzten der zwölf Räume, und wenn er das Scheppern der Münzen nicht hörte, wurde die Zahlung nicht anerkannt. Trotzdem blieben die Münzen im Schild, wodurch die Einnahmen des Burgherrn sich weit über den eigentlichen Tribut hinaus erhöhten.

„Auf Sylt und auf den übrigen friesischen Inseln sind die Sagen dieser Art unzählbar", meinte Christian Peter Hansen, der viele dieser Sagen gesammelt und aufgeschrieben hat – düstere Geschichten. „Die Gespenster, Weddergunger oder Ganger sind, nach den Sagen der Alten, die Seelen der Verstorbenen, welche keine Ruhe finden", schreibt Hansen in seiner 1858 erschienenen Sammlung friesischer Sagen und Erzählungen, und „die auf Erden den Lebenden wieder erscheinenden, klagenden, bittenden, mahnenden oder warnenden Geister der Gestorbenen, deren Mörder wie auch der Gemordeten, ... der ertrunkenen Schiffbrüchigen oder sonst auf ungewöhnliche Weise Umgekommenen. Es ist wohl selten ein Seefahrer ... fern von seiner Heimat gestorben, ohne dass er – nach der Meinung und Erzählung seiner Angehörigen – einmal oder mehrere Male seinen daheim gelassenen Lieben ... wieder erschienen wäre, ... manchmal durch ein Klopfen, Türaufmachen, Eintreten, Berühren, Seufzen, ... manchmal unsichtbar, ... manchmal Wasser- oder Blutspuren zurücklassend."

Spökenkiekerei? Mag sein. Aber wer diese Geschichten einfach ignoriert, wer nie verspürt hat, dass er sich auf sagenhaftem Gelände bewegt, der kennt den wahren Geist dieser Insel nicht.

Die Keitumer Kirche Sankt Severin
Ein Schiff in der Dünung

Wem Sylt „die Insel" ist, dem ist Sankt Severin „die Kirche". Auch sie ist Kult – für die Reichen und die Schönen, die sich gern hier trauen lassen oder auf dem Kirchhof beerdigt werden wollen, vor allem aber für die bedrängten Insulaner, denen sie Brennpunkt und Darstellung ihrer Geschichte ist. „Diese Kirche", sagt Traugott Giesen, der bis 2005 Pastor an Sankt Severin war, „hat eine kaum erklärliche Ausstrahlung." Vielleicht deshalb: „So sieht wohl das Inbild von Kirche in unser aller Seele aus: ein schützendes Haus mit wehrhaftem Turm, und innen Geborgenheit."

Auf 17 Metern Höhe des Sylter Geestkerns errichtet, ist der viergliedrige Bau mit den markanten Satteldächern weithin sichtbar und erin-

nert aus der Entfernung an eine Arche, ein Schiff
in der Dünung. Der zuletzt entstandene Baukör-
per, der dem Kirchenschiff in westlicher Richtung
angegliederte Turm, war mit 26 Metern Höhe
jahrhundertelang das höchste Gebäude der Insel
und gilt bei Tag noch heute als Seezeichen.

Kult war hier freilich schon vor dieser Kirche –
nämlich ein Heiligtum der germanischen Göttin
Frigga, die als Odins Gattin für Liebe und Frucht-
barkeit zuständig war. Diese Frigga soll zu Zeiten
der Christianisierung um 800 nach Christi Geburt
immer noch so mächtig gewesen sein, dass es den
Missionaren geraten erschien, Friggas Heiligtum
durch den Bau einer christlichen Kirche an dersel-
ben Stelle zu zerstören. Urkundlich erwähnt wird
die Kirche seit 1240, ihr östlicher Teil, also das
Schiff, das Chorquadrat und die Apsis, sind aber
wohl fast 800 Jahre alt. Nach den jüngsten
Erkenntnissen der Dendrochronologie stammt
der Bau aus dem Jahr 1216.

„Vor alten Kirchen zumal ahnen wir die Kette
der Vorfahren“, so Traugott Giesen. „Wir sehen
den Wurzelgrund unserer Herkunft.“ Gewiss ist
Sankt Severin auch ein kunsthistorisch wertvolles
Gebäude. Doch „diese Kirche will benutzt, nicht
besichtigt sein“. Sie lädt den Gast zu stillem Verweilen ein, denn „auch bei stillem Verweilen
geschieht der Seele Zwiesprache mit Gott ... Man
setzt sich in eine Bank, und der Blick tastet die Zeichen des Glaubens ab, die Generationen in ihr

,gemeinsames Haus' eingebracht haben. Man braucht nicht viele Erklärungen: Die Zeichen sind leicht lesbar, wenn man sein eigenes Leben hineinspinnt."

Das Zeichen, das mich, wenn ich in Sankt Severin verweile, stets zuerst und am stärksten beeindruckt, ist das eher abstrakte Werk eines Zeitgenossen, des 1920 in Prag geborenen, 2001 in Davos gestorbenen Ernest Hofmann-Igl, erworben für Sankt Severin im Jahr 1985 und seither auf der Kanzel angebracht: das „Auferstehungskreuz". Der schräg nach oben weisende Querbalken des Kreuzes setzt sich fort in einer menschlichen Figur, deren gestreckte Arme die aufwärts weisende Richtung des Kreuzbalkens fortführen und vollenden. Traugott Giesen zitiert als Interpretation dieser Figur den Propheten Jesaja: „Gott gibt dem Müden Kraft und Stärke genug dem Unvermögenden. Männer werden müde und matt, und Jünglinge straucheln und fallen. Aber die auf den Herrn harren, kriegen neue Kraft, dass sie auffahren mit Flügeln wie Adler."

Die Renaissance-Kanzel selbst, datiert auf 1580, stand zuerst in der Kirche von Mögeltondern und wurde Sankt Severin 1699 von Pastor Cruppius und seiner Frau Katharina gestiftet. Unter der Kanzelinschrift „Verbum Domini manet in aeternum" (Das Wort des Herrn bleibt in Ewigkeit) stellen Flachschnitzereien drei Allegorien christlicher Tugenden dar. Mir fällt immer wieder die

Darstellung der „Temperantia" auf, der Mäßigung: ein Jüngling gießt Wasser in den Wein.

Den ersten Eindruck des Gastes beim Eintritt in die Kirche hat Pastor Giesen so formuliert: „Viel Weiß, das Schweigen, Wachheit, Klarheit ausstrahlt. Und der herrliche Schnitzaltar." Der ist spätgotisch, von unbekannter Herkunft, geschätzt auf die Zeit um 1480. Der Mittelteil des dreiflügeligen Altars zeigt, ganz ähnlich wie in Sankt Martin zu Morsum, den „Gnadenstuhl": Gott Vater bietet der Gemeinde seinen Sohn dar. Der Christus hier aber ist nicht wie auf dem Bild in Morsum tot, sondern lebendig; er trägt keine Wundmale. „Auch diese Plastik", so Giesens Kommentar, „will nicht als Bild von Gott gesehen werden, vielmehr soll die Beziehung Gottes zu den Menschen anschaulich werden ... Gott sieht nicht so aus wie dargestellt, aber er fühlt so."

Flankiert wird der „Gnadenstuhl" zur Linken von Maria mit dem Jesuskind. Hier trägt sie die Krone, die ihr auf dem Altarbild in der Alt-Westerländer Dorfkirche Sankt Niels von Gott aufgesetzt wird: Maria als Himmelskönigin. Zur Rechten, mit den Insignien eines Bischofs, der Kirchenpatron Sankt Severin. Eine Inschrift identifiziert den im Norden recht unbekannten Heiligen. Gemeint ist Severinus, um 400 Bischof von Köln und dort auch begraben. Ein früheres Patronat von Köln – auch der hier verbaute Tuffstein und der Sandstein des Taufsteins stammen ja aus dem

Rheinischen – könnte die Wahl dieses Kirchenpatrons im 14. Jahrhundert erklären, meint Giesen: „Die katholische Herkunft der Kirche und dieses Altarbild stärken den ökumenischen Charakter von Sankt Severin."

So war das natürlich nicht immer. Nach der Pestepidemie von 1350 und den großen Sturmfluten 1354 und 1362 fielen viele Friesen wieder vom Glauben ab und wollten es noch mal mit ihren heidnischen Göttern versuchen. Die Kirchenmacht in Rom reagierte mit einer neuen Missionierung der Insel und schickte Priester im Namen des heiligen Severin von Köln gen Norden. Damals ist die Kirche zu ihrem Namen gekommen.

Interessant ist die bipolare Ornamentik der drei prächtigen Kronleuchter aus Messing – sämtlich niederländische Arbeiten und gestiftet um 1700 von reichen Keitumer Kapitänen zum Dank für ihre glückliche Heimkehr von hoher See. Zwei der drei Kronen zeigen Zeus, auf einem Adler reitend, in der erhobenen Linken den Donnerkeil. Die Figur der dritten Krone hingegen ist eine Frau, die auch einer Marienerscheinung ähnlich ist, aber sie hält und beschützt zwei Kinder. Giesens Interpretation: „Zeus steht für die anonyme, gewalttätige, grandiose Energie des Schöpfers; die Mutter steht für die hegende, barmherzige, jesuanische Kraft. Zweipolig ist auch unser Innerstes: Dunkel – Hell."

Dunkle Sagen und nicht leicht zu verstehende Zeichen gehören noch immer zu Sankt Severin. Das gilt jedenfalls für den um 1450 angebauten Glockenturm aus Backstein, der dem Regen und den Weststürmen unverputzt ausgesetzt ist, sodass er immer wieder saniert werden muss; 2009 und 2010 zum Beispiel war er deshalb ein Jahr lang eingerüstet. Diesen Turm sollen, so geht die Sage, zwei reiche Frauen gestiftet haben, bevor sie ins Kloster gingen: Ing und Dung. So nennt man auch die beiden trapezförmigen Hälften eines geteilten Findlings, die seltsamerweise, aber für jedermann sichtbar in der Westseite des Turmes eingemauert sind. Leider war die Stiftung der beiden Damen mit einer düsteren Prophezeiung verbunden: Es solle einst die Glocke den hochmütigsten Jüngling erschlagen, und der Turm selbst solle niederstürzen auf die eitelste Jungfrau.

Tatsächlich stürzte am 26. Dezember 1739 die Glocke aus dem morsch gewordenen Gebälk und erschlug einen wohl eher bescheidenen Knaben, der nur zu heftig geläutet hatte. Wenn es stimmt, dass die Jungfern aus Keitum damals aus Angst vor der Prophezeiung einen weiten Bogen um den Turm gemacht haben, dann hätten sie sich das getrost ersparen können. Auch die drei Glocken von Sankt Severin können wieder ohne Gefahr für das Mauerwerk des Turms geläutet werden; bei der jüngsten Turmsanierung ist ein neuer Glockenstuhl aus Eichenholz eingebaut worden.

Dass der Turm ehedem auch als Fluchtburg für Frauen und Kinder gedient hat, wenn Piraten oder Marodeure die Insel bedrohten, während die Männer auf See waren, darauf deutet der hoch liegende, erst 1983 geschlossene Einstieg auf der Südseite hin. Auch als Gefängnis ist der Turm zeitweilig genutzt worden. Das drei Meter breite Hauptportal zwischen Turm und Kirchenschiff war viele Jahre lang, möglicherweise sogar seit Errichtung des Turms, zugemauert.

Heute betritt jedermann Sankt Severin durch dieses Hauptportal, also durch den Turm, und es fällt schwer, sich vorzustellen, dass das erst seit 1981 so ist – und dass vordem die Nordtür im Kirchenschiff den Frauen und die Südtür den Männern vorbehalten gewesen sei. Heute fällt der erste Blick in den Ruheraum Kirche aus der Turmhalle durch eine große Rundbogentür aus Eiche und Glas mit zwei bronzenen, pottwalförmigen Türgriffen – eine Schenkung der Familie des Industriellen (und Wahl-Kampeners) Berthold Beitz aus Anlass einer Trauung.

Viele Menschen haben der Kirche etwas geschenkt, nicht alle haben dabei nur an die Kirche gedacht. An der Südwand des Chors zum Beispiel steht ein ziemlich klotziges hölzernes Gehäuse, das an einen Beichtstuhl erinnert. Es ist der „Müllerstuhl", 1769 von einem reichen Mann, dem Munkmarscher Graupenmüller Nickels Jensen, als ständiger Sitz für sich und seine Familie

in den Gottesdiensten gestiftet. Der Müllerstuhl,
der jetzt ein fahrbares Orgelpositiv beherbergt, ist
Überbleibsel der ehedem den ganzen Chorraum
füllenden Einbauten und „Kapitänsstühle". Geld
hat in Keitum, früher Hauptort der Insel, immer
schon eine Rolle gespielt.

Aber Sankt Severin ist auch die maßgebliche
Konzertadresse der Insel. Jeden Mittwochabend
gibt es hier eines jener Konzerte, die noch zu Giesens Zeiten der Organist Wilhelm Borstelmann
auf der alten, weiland von dem Tinnumer Kapitän
Friedrich Frödden geschenkten Orgel begonnen
hat und die auch von den Einheimischen sehr
geschätzt werden. Inzwischen hat die Kirche
nicht nur neue Organisten erlebt, sondern auch
eine neue Orgel aus der Werkstatt des Stuttgarter
Orgelbauers Konrad Mühleisen erhalten (4000
Pfeifen, 46 Register), finanziert aus Konzerterlö-
sen eines Förderkreises und mit der Millionen-
spende eines – anonymen – Gönners. Wenn hier
Anfang Juli im Sommerkonzert der Deutschen
Stiftung Musikleben deren virtuose Stipendiaten
und Preisträger auftreten, dann wird Sankt Severin zum Sammelplatz der „Promis" in höchstmög-
licher Verdichtung. Denn das Konzert gehört
längst zum festen Bestand dessen, was solche
Sommergäste, die nicht dazugehören, gern die
„Sylter Festwochen" nennen.

Auf dem Kirchhof im Norden der Kirche hat
man schon in vorchristlicher Zeit die Toten bestat-

tet. Die Namen auf den Grabsteinen und auf den sorgsam aufbewahrten Grabplatten, die die Liegezeit ihrer Namensgeber längst überdauert haben, lesen sich wie ein Ursylter Who's who: Diedrichsen, Boysen, Hansen (auch der Chronist Christian Peter Hansen, der hier Küster und Organist war), Frödden, Lorenzen, Peters, Teunis. Aber auch bekannte Namen aus der jüngeren Sylter Vergangenheit sind zu finden: Ferdinand Avenarius, Clara Tiedemann, der Bundesminister in früheren CDU-Regierungen Gerhard Schröder, ein Wahl-Sylter auch er. Und selbst Menschen, die nicht zu dieser Gemeinde, überhaupt nicht zu einer Glaubensgemeinschaft, gehören, haben an dieser Stelle ihre letzte Ruhe gefunden, Rudolf Augstein zum Beispiel. Und ein Geistlicher, der Pastor Giesen, hat ihn begleitet.

„Denn Kirche bewahrt nicht Asche auf", hat der einmal gesagt, „sondern hält ein Feuer am Brennen, ein Feuer der Zuversicht, an dem sich zu wärmen auch der ein Recht hat, der voller Zweifel ist."

Die Bank am Rande der Jückersmarsch
Mein stiller Winkel

Der stille Winkel, von dem ich zum Schluss erzählen will, ist gar kein Winkel, sondern ein Weg, ausgeschildert sogar als „Verbindungsstrecke" zwischen den insgesamt 26 Routen des „Nordic Walking Park" Sylt, und still ist er auch nur selten, auch nicht zu den Zeiten, die nicht mehr zur Sylter Saison zählen. Aber er führt mich hin zu der Stelle auf der Insel, die für mich im Lauf der Jahre zum stillen Winkel schlechthin, zu meinem ganz persönlichen Ruhepunkt geworden ist.

Das ist eine Bank am Rande der Jückersmarsch, des Stückes Land am Watt zwischen Munkmarsch und Keitum. Die Bank steht vor einem Gebüsch, wo, wie inzwischen überall auf der Insel, die aus Asien eingewanderten Kamtschatkarosen wachsen, auch „Kartoffelrosen" genannt, und an einem kleinen Hügel über jenem Weg, auf dem die Jogger und die Spaziergänger mit oder ohne Stöcke vorübergehen. Dorthin zieht es mich an jedem Morgen, den ich auf der Insel verbringen kann.

Der Weg führt am Wattenmeer entlang, auf dem Ostufer der Insel. Die ist für viele Sylter, ob nun einheimisch oder zugewandert, die „Schokoladenseite" der Insel. Man ist dort relativ sicher vor Sturmfluten, und es gibt Stellen, die selbst dann noch verlassen wirken, wenn die Insel im Übrigen „ausgebucht" ist. Auch die Reichen und die Schönen siedeln vorzugsweise am Ostufer der Insel, besonders am Kampener Watt.

Das Watt – für die einen ist es das ewig trauernde Stiefkind des Meeres, für die anderen ein wunderbarer Gegensatz zum offenen Meer, eine Art Urweltlandschaft, deren Einsamkeit unerhört ist. Beides stimmt. Nirgends sonst führen Ebbe und Flut zu einem so dramatischen Szenenwechsel wie hier; einmal ist das Watt bis zum Horizont eine Fläche von glitzernden, manchmal sogar schäumenden Wellen, dann wieder ist es eine dunkle Wüstenei aus Schlick. Und darüber findet jede Stunde ein anderes Himmelstheater statt, mit ständig wechselnder Beleuchtung, die das Watt reflektiert. Der Himmel über Sylt, sagt der Maler Christian Hinrich, „ist der größte Künstler überhaupt". Und das Watt ist gleichsam die Wand, an die er seine Fresken malt.

Offiziell heißt dieses Gebiet „Wattenmeer nördlich Hindenburgdamm". Das sind rund 20 000 Hektar, die seit 1937 unter Naturschutz stehen und seit
1985 zum Nationalpark Schleswig-Holsteinisches
Wattenmeer gehören. Als Naturschutzgebiet aus-
gewiesen wurde das Wattenmeer wegen seiner
überragenden Bedeutung als Nahrungs-, Rast- und
Mausergebiet für über 100 000 Wattvögel. Im Frühjahr und im Herbst rasten hier etwa 50 000 Wat-
und Wasservögel vieler verschiedener Arten auf
dem Weg in ihre arktischen Brutplätze und europäischen oder afrikanischen Überwinterungsge-
biete. Sie suchen im Watt nach Nahrung, um sich
Fettreserven für die vor ihnen liegenden Flugstre-
cken von vielen Hundert Kilometern anzufressen.

Seit im vergangenen Jahrhundert Dämme vom
Festland zu den Inseln Sylt und ihrer nördlichen
Nachbarin Rømø gebaut worden sind, ist die Wat-
tenmeerbucht zwischen diesen beiden Dämmen,
zwischen dem Sylter Ostufer und dem dänischen
Festland eine Lagune. Heute verbindet sie nur
noch das 2,5 Kilometer breite Lister Tief mit der
offenen Nordsee. Durch diese Wattrinne aber flie-
ßen mit jedem Gezeitenwechsel mindestens 500
Millionen Kubikmeter Wasser ein und aus –
genug jedenfalls, um bei gehörigem Winddruck
die Salzwiesen der Jückersmarsch vollständig zu
überfluten.

Manchmal steigt das Wasser so hoch, dass der
Bauernhof an der Straße von Keitum nach Munk-

marsch aussieht wie eine Hallig bei „Land unter"
und die Pferde, die dort auf der Weide sind, sich
auf ein paar nicht überflutete Flecken zurückzie-
hen müssen. An solchen Tagen ist dann auch jene
Verbindungsstrecke überflutet, von der die Jückersmarsch durchquert wird. Vor einigen Jahren
war die Strecke noch ein Steg aus Bohlenbrettern,
bequem zu gehen, aber den hat das steigende
Hochwasser ein paar Mal so energisch angehoben
und weggedrückt, dass man ihn schließlich entfernt hat. Jetzt ist da nur noch einer jener gegen
Überflutungen unempfindlichen Trampelpfade,
wie man sie – freilich schmaler – an vielen Stellen
in der Sylter Heide finden kann.

Dieser Weg also muss unterhalb des Bauern-
hofs einen Priel überqueren, eigentlich ein Rinn-
sal, aber wenn viel Hochwasser die Salzwiesen
überschwemmt, dann wird dieser Priel zum
Strom. Eine schlicht gezimmerte, gerade Holzbrücke, auf der man ihn in früheren Jahren überqueren konnte, hat dem Druck des mit der Tide ein
und aus strömenden Wassers nicht standgehalten. Eine Weile noch stand sie schief und proviso-
risch abgestützt den Spaziergängern zu Diensten,
dann war sie wohl zu unsicher geworden und
musste ersetzt werden. Jetzt überquert man diese
Stelle quasi bogenförmig, nämlich auf einer soli-
de gefertigten, den Rialto-Schwung elegant nach-
ahmenden Holzbrücke, die beiderseits auf Beton-
fundamenten ruht und zumindest so aussieht, als

werde sie dem Druck des Wassers länger trotzen als ihre Vorgängerin.

Wenn aber der Gezeitenwechsel das Wasser zurückfließen lässt, dann fällt das Watt trocken, das heißt, es wird zu einer weiten, dunkel schimmernden Fläche, an deren Ende man den Saum des Meeres nur noch ahnen kann. Der Tidenhub, also die Differenz in der Höhe des Meeresspiegels bei Ebbe und bei Flut, macht hier etwa zwei Meter aus. Bei Ebbe sieht das Watt so aus, als könne man bis zur dänischen Küste zu Fuß hinübergehen, aber es sieht eben nur so aus, denn in der Keitumer Bucht und vor der Jückersmarsch gibt es keine großen Sandflächen, sondern ein Schlick-Watt, in dem der Unkundige schon mal bis zum Bauch versinken kann.

Manchmal morgens bei Ebbe, wenn alles Wasser verschwunden ist, hat das Watt lauter kleine Beulen, fast so als habe ein Lastwagen dort eine Ladung Schottersteine verloren. Es sind aber keine verlorenen Steine, sondern die Ausscheidungen des Wattwurms – also das, was der Wurm, nachdem er sich von den Kieselalgenüberzügen des Sandes ernährt hat, am Ende seines u-förmig gebogenen Ganges in Milliarden kleinen Häufchen auf der Sedimentoberfläche hinterlässt. Für Wattvögel wie die Austernfischer oder die Pfuhlschnepfen, denen der Wurm als Nahrung dient, hat das den Vorteil, dass sie nicht lange im Schlick herumstochern müssen, um ihn zu finden.

Es sind auf Sylt jetzt nachweislich 300 Vogel-
arten beobachtet worden, darunter etwa 80 Brut-
vögel. Ich kann allenfalls zwei oder drei davon
identifizieren, aber ich beobachte sie alle gern.
Zum Beispiel die wuseligen kleinen Strandläufer
(wenn sie denn so heißen), die bei Flut im Spülsaum des Wattenmeeres nach Nahrung suchen
und, wenn der Wind das Watt aufmischt, vor der
nächsten heranrollenden Welle in unglaub-
lichem Tempo weglaufen. Ich halte auch Ausschau nach dem Kiebitz – einem „Durchzügler
und Brutvogel" – mit seinem unverkennbaren
spitzen Kopfputz, den es hörbar ärgert, dass mein
Morgenweg offenbar zu dicht an seinem im Gras
versteckten Nest vorbeiführt. Oder ich lausche auf
den Ruf des Kuckucks, von dem ich gelesen habe,
dass er nur ein paar Sommerwochen auf der Insel
verweilt, bevor er im August weiter gen Süden
zieht.

Noch nicht mal die verschiedenen Möwenarten
kann ich verlässlich unterscheiden. Neulich morgens bei Ebbe hatte sich ein Pulk Möwen auf einer
kleinen Sandbank in Ufernähe niedergelassen, wie
immer in der aerodynamisch günstigsten Stellung
zum Wind, und als ich in gehöriger Entfernung an
der Sandbank vorbeikam, brachen die Vögel in ein
Geschrei aus, das in meinen Ohren wie Hohn-
gelächter klang. Das hätte ich nicht weiter erstaunlich gefunden, wenn die Vögel nicht, als ich mich
zu ihnen umdrehte, schlagartig verstummt wären.

Zu den ständigen Begleitern auf meinem morgendlichen Weg gehören die Reiter, die in einer Reihe hintereinander direkt am Strand unterwegs sind, von meinem Wanderweg separiert durch dichte Horste von Schlickgras, die sich in der sogenannten Quellerzone des Wattenmeeres angesiedelt haben. Im Sommer sind es meistens mehrere Gruppen von elf oder noch mehr Reitern, mehrheitlich junge Mädchen, manche fast noch Kinder, angeführt jeweils von einem Reitlehrer oder einer Reitlehrerin, denen sie offenbar furchtlos und voller Leidenschaft für die Pferde, die sie reiten dürfen, folgen. Nur im Winter ruht die Reiterei.

Denn im Winter – besonders wenn er streng ist, und das ist er auch auf Sylt in manchen Jahren durchaus – gefriert das Watt. Das vor allem in Ufernähe sehr flache Wasser verwandelt sich in Platten aus Eis, und wenn dann die Flut des nicht gefrorenen Meerwassers auf diese Eisplatten drückt, zerbrechen sie und werden am Strand übereinandergeschoben und bieten so den wohl bizarrsten Anblick, den es im Inselwinter gibt. Im Unterschied zum eisig aufgetürmten Watt fördern verschneite Strände und Dünen – und auch die gibt es hier, wennschon nicht alle Jahre – durchaus die Anmutung des Harmonischen, das die Insellandschaft im Sommer nicht unbedingt hat. Als ich an einem schneereichen Wintermorgen der erste Mensch war, der eine Fußspur in den Pfad durch die Jückersmarsch zu treten hatte, habe ich einen Moment gezögert, die schöne Unberührtheit des sonst eher zertrampelten Landstrichs zu zerstören.

Schnee tut auch dem schmalen Nadelwäldchen gut, das die Jückersmarsch gen Süden begrenzt, denn eine dichte Schneedecke hilft, die Tatsache zu verbergen, dass dieses Wäldchen den Stürmen zwar getrotzt, aber nicht wirklich standgehalten hat. Vor ein paar Jahren erst haben die heftigsten Orkanstürme seit Aufzeichnung der Wetterdaten auf Sylt, „Anatol" im Dezember 1999, „Kerstin" im Januar 2000 und „Anna" im Februar 2002, den Hain nahezu zerstört. Die nur relativ flach wurzelnden Kiefern und Tannen sind aus dem Boden gerissen, manche einfach zerbrochen worden, und vermutlich hätten die Orkane auch diese Bäume (wie etliche andere) buchstäblich plattgemacht, wenn nicht ein paar Tannen aufrecht geblieben wären und ihre stürzenden Nachbarn aufgefangen hätten. Das ungehindert wuchernde Unterholz zwischen den traurigen Bäumen lässt hier allmählich ein Gehölz mit der Anmutung eines Urwalds entstehen. Der Natur ihren Lauf zu lassen, ist wohl auch die beste Idee für den Umgang mit dem Hain, der seine Existenz einem schleswig-holsteinischen Aufforstungsprogramm aus den 1950er Jahren verdankt, obwohl er, der – nachvollziehbaren – Meinung seines jetzigen Besitzers zufolge, gar nicht in die typische Sylter Landschaft passt.

Durch dieses Wäldchen also führt die Verbindungsstrecke der Nordic Walker. Und dies ist auch der Weg, zum Watt hin begrenzt von einem Spalier ramponierter, aber ihren Standort wacker behauptender Kiefern, auf dem ich der Bank zustrebe, die unmittelbar hinter dem Wäldchen auf einem kleinen Hügel über dem Klentertal steht.

Für mich hat das zerrupfte Wäldchen immer wieder etwas Geheimnisvolles, nahezu Mystisches. Ich würde mich nicht wundern, wenn im wuchernden Unterholz eine Gestalt aus dem reichen Schatz der Sylter Sagen auftauchte, ein Weddergunger, wie die Friesen die klagenden, bittenden oder warnenden Geister der Gestorbenen nennen, die den Lebenden erscheinen, weil sie keine Ruhe finden – der Jückersmarschmann zum Beispiel, der, so will es die Sage, nachts kopflos am Fuße des Galighoog, des Galgenhügels, wandern soll, weil er der unzufriedene, ruhelose Geist des friesischen Freiheitshelden Pidder Lüng sein will, der auf eben diesem Hügel gehenkt worden sein soll. Und genau dort, am Fuße des Galighoog am südlichen Ortsrand von Munkmarsch, beginnt mein allmorgendlicher Weg. Doch der „Jükersmeerskman" ist mir dort nie begegnet.

Denn wahrscheinlich hat auch Pidder Lüng gar nicht existiert. Sondern der Stammvater aller Sylt-Literatur, der Insellehrer, Chronist, Sagensammler, Organist (und verhinderte Romancier) Christian Peter Hansen, hat sich diese Figur ausgedacht, und Detlev von Liliencron hat daraus das Heldenepos von dem langen Peter gedichtet, dem Hörnumer Fischersohn Pidder Lüng, der den tyrannisch auftretenden dänischen Steuereintreiber Henning Pogwisch im heißen Grünkohl erstickt hat, in den dieser zuvor gespuckt hatte. Historische Belege für diese Geschichte gibt es, im Unterschied zu anderen Sylter Überlieferungen, jedenfalls nicht. Liliencron also hat nicht nur den der Nordsee trotzenden Ruf „Trutz, Blanke Hans" gedichtet, sondern auch Pidder Lüngs Wahlspruch „Lever duad üs Slaav", der immerhin auch im nordfriesischen Wappen steht: Lieber tot als Sklave.

Ein anderer, nicht minder selbstgewisser Friesen-Spruch kommt mir in den Sinn, wenn ich schließlich „meine" Bank gleich hinter dem beschädigten Wäldchen erreicht habe, ein Spruch, den man heute auch auf den Fahnen finden kann, die vor den Häusern der Zweitwohnungsbesitzer emsig gehisst werden: „Rüm Hart, klaar Kimming" – was mit „Weites Herz, klarer Horizont" zu übersetzen ist. Der Spruch wird welterfahrenen inselfriesischen Kapitänen zugeschrieben. Christian Peter Hansen schreibt in seiner Biografie des berühmten Keitumers Uwe Jens Lornsen, der hier als politischer Freiheitskämpfer verehrt wird: „Es galt von ihm, was der alte nordfriesische Wahl- und Trinkspruch sagte: Er hatte ‚rüm Hart, klaar Kimming', d. i. ein weites, menschenfreundliches Herz, einen ausgedehnten, vorurteilsfreien Gesichtskreis."

Nun ist der klare Horizont auf Sylt auch immer eine Frage des Wetters, also der Sicht. Wenn die aber gut ist, dann ist der Horizont, von meiner Bank aus gesehen, so weit, dass man die Erdkrümmung mindestens ahnen kann. Der Blick reicht vom Lister Hafen zur Linken, entlang der dänischen Küste bis zum Hindenburgdamm und den Windrädern an der deutschen Küste zur Rechten; und dazwischen treiben Sonne und Wolken, zuweilen auch Regenschauer, ihr wechselvolles Spiel mit den Reflexionen des Wattenmeers. Man kann stundenlang zuschauen, ohne sich zu langweilen.

Verglichen damit nehmen sich die strandnahen Lahnungen in der Keitumer Bucht wie kleine gestrichelte Linien aus, die jemand eilig auf gewelltes Papier gekritzelt hat; bei Flut verschwinden sie vollständig unter der Wasseroberfläche. Lahnungen dienen eigentlich der Landgewinnung, hier aber – so sagen jedenfalls die Naturschützer, die diese Art der Landgewinnung wohl als Eingriff in die natürlichen Abläufe kritisieren – nur noch dem Küstenschutz. Was aussieht wie gestrichelte Linien, sind zwei Pfahlreihen mit eingeflochtenem Buschwerk, die ins Watt hinaus gebaut werden. Sie beruhigen Strömung und Wellenschlag, und ein Teil der von der Flut mitgeführten Sedimente lagert sich ab. So wächst allmählich der Wattboden. Ob dies nun den „Anwachs" bezweckt oder den Küstenschutz – es erscheint einleuchtend und nicht überraschend.

Ich betrachte lieber den Horizont. Dort gibt es, besonders im Frühjahr und im Sommer, oft Überraschendes zu sehen, wenn nämlich das Wasser noch kalt ist, während die Sonne die Luft darüber allmählich aufheizt. Dann schweben nach kühlen Nächten in sonnigen, windstillen Vormittagsstunden plötzlich Sandbänke und Warften über dem Wasser – durch eine feine, flirrende Luftschicht vom Horizont getrennt. Ein Spuk? Eine Sinnestäuschung? Nein, eine Fata Morgana, eine Luftspiegelung. Und sie entsteht nicht anders als in der Wüste, nur gaukelt sie uns nicht Wasser vor, sondern Landstücke über dem Wasser.

Die Ursache ist, dass unterschiedlich warme Luftschichten auch unterschiedliche optische Eigenschaften haben und die Lichtstrahlen an deren Grenzfläche reflektieren. Wenn die untere Luft wärmer ist als die obere – man kennt das auch als bläuliches Flimmern über heißem Asphalt – kommt es zu Luftspiegelungen nach unten, also zu „Kopfständen". Spiegelungen nach oben funktionieren nach dem umgekehrten Prinzip, also zum Beispiel über relativ kalten Meeresgebieten. Dabei erscheinen entfernte Gegenstände nicht unter, sondern über dem Horizont. Diese Erscheinungen sind aber flüchtig, vor allem wenn es windig ist und die Luftschichten verwirbelt werden; dann kann eine eben noch wahrgenommene Spiegelung schnell verflachen oder ganz verschwunden sein.

Die Friesen an der Nordsee interessieren sich ohnehin nicht besonders für solche Erscheinungen. Es gibt in keinem nordfriesischen Dialekt ein Wort dafür; dies bestätigt das „Nordfriisk Instituut" in Bredstedt. Auch die vielen Sagen Frieslands erzählen nichts von Feen oder Geistern, die sich in Luftspiegelungen zeigen und am Horizont ihr Unwesen treiben. Nur der Dichter Theodor Storm beschreibt in seiner Gespensternovelle vom Wiedergänger zu Pferde, dem „Schimmelreiter", das Naturphänomen einer „Kimmung" – im seemännischen Sprachgebrauch ist das eine Luftspiegelung über der Kimm, der Horizontlinie zwischen Meer und Himmel.

Es gibt in der Tat Anblicke, die auch mich auf meinem morgendlichen Weg durch die Jückersmarsch stärker fesseln. Das ist vor allem die Silhouette des Turms der Keitumer Kirche Sankt Severin. Der Turm ragt mit seinem zweifarbig eingedeckten Satteldach wie ein Wegweiser zu dieser Kirche – und ihrem Kirchhof – noch ein Stück über die Spitzen der aufrecht gebliebenen Bäume jenes kleines Nadelwalds hinaus.

Es gibt ein Stück Weg, das in gerader Linie auf diese Silhouette zuführt. Seit ich hier auf Sylt das neunte Lebensjahrzehnt erreicht habe, nenne ich dieses Stück Weg „meine Zielgerade".

Literatur

Bremen, Silke von/Jessel, Hans: Sylt 365 Tage. Köln 2007

Bremen, Silke von: Gebrauchsanweisung für Sylt. München 2010

Dieselbe: Mehr wissen über Keitum. 2. überarbeitete und aktualisierte Auflage. Neumünster 1999

Dahlkamp, Jürgen: Insel ohne Insulaner. In: Der Spiegel, 9.8.2010, S. 35

Engler, Michael: Luftspiegelungen Watt'n Dat? In: Geo 5/1992, S. 144–162

Giesen, Traugott: Verweilen in Sankt Severin Keitum auf Sylt. Kirchenvorstand der Kirchengemeinde Keitum, o. J.

Hamburger Abendblatt: Sylt meldet Rekord bei den Übernachtungen. 12./13.5.2010

Hansen, Christian Peter: Sylter Sagen. Göttingen, o. J.

Hörning, Winfried: Sylt. Literarische Reisewege. Frankfurt a. M./Leipzig 1999

Ipsen, Dirk: Sylt. Verraten und verkauft. Sylt-Ost 2008, S. 7, 48

Jessel, Hans: Ein Reisebuch. Sylt. Hamburg 1989

Derselbe: Das Radwanderbuch Sylt. Hamburg 1990

Derselbe: Das große Sylt-Buch. Überarbeitete und ergänzte Auflage. Hamburg 2009

Jürgs, Michael/Trost, Tassilo: Die Insel. Bilder von Sylt. Geschichten über Sylt. Menschen auf Sylt. Hamburg 1978, S. 208

Kirchengemeinde Norddörfer: Kirchenbrief für Wenningstedt, Kampen, Braderup. Winter 2009

Kunz, Harry/Steensen, Thomas: Sylt-Lexikon. Neumünster 2002

Mayen, Jan: Was man über Sylt wissen sollte. Hamburg 2010

Politycki, Matthias: Drei Lektionen der Stille. In: Rainer Groothuis: Wo das Land zu Ende ist. Hamburg 2009

Rodenberg, Julius: Stilleben auf Sylt 1859. In: Henning Berkefeld: Sylt in alten und neuen Reisebeschreibungen. Düsseldorf 1991, S. 85, 122

Runge, Wolfgang: Kirchen auf Sylt. Flensburg o. J.

Salomon, Ernst von: Die Insel im Winter 1952. In: Henning Berkefeld: Sylt in alten und neuen Reisebeschreibungen. Düsseldorf 1991, S. 262

Simon, Sven (Hrsg.): Sylt. Abenteuer einer Insel. Hamburg 1980

Suhrkamp, Peter: Die nordfriesische Insel 1943. In: Henning Berkefeld: Sylt in alten und neuen Reisebeschreibungen. Düsseldorf 1991, S. 229

Tank, Kurt Lothar: Sylter Lesebuch. Frankfurt a. M. 1973

Zuckmayer, Carl: Silvesterpunsch 1932. In: Jürgs, Michael: Die Insel. Hamburg 1978, S. 10

NORDSEE

N
W ← → O
S

Ellenbogen
Königs-
hafen
Uthörn

S.82

List

Westerheide

Nationalpark

Kampen
S.26

Schleswig-Holsteinisches

Wenningstedt S.55

Wattenmeer

Braderup

WESTERLAND
Munkmarsch

S.46 S.18
S.105

S.91 S.96 Keitum

Tinnum

Kaamp
Groß-
morsum
Hindenburgdamm

S.76

Rantum-
Becken
Archsum
S.70 S.31

Kleinmorsum
Osterende

Rantum

Burgtal

Sansibar
Nationalpark

S.37
Puan Klent

Schleswig-Holsteinisches

Wattenmeer

Hörnum

S.61 Hörnum-
Odde

Impressum

Bibliografische Information der Deutschen Nationalbibliothek

Die Deutsche Nationalbibliothek verzeichnet diese Publikation in der Deutschen Nationalbibliografie; detaillierte bibliografische Daten sind im Internet über http://dnb.d-nb.de abrufbar.

ISBN 978-3-8319-0428-0

© Ellert & Richter Verlag GmbH, Hamburg 2011

Bildnachweis

Alle Fotos Hermann Schreiber, Hamburg, außer:
Umschlagfoto: Gernot Westendorf, Westerland
S. 61: Michael Zapf, Hamburg

Lektorat: Annette Krüger, Hamburg
Dokumentation: Jutta Temme, Hamburg
Gestaltung: Büro Brückner + Partner, Bremen
Karte: THAMM Publishing & Service, Bosau
Lithografie: Griebel-Repro, Hamburg
Gesamtherstellung: GGP Media GmbH, Pössneck

www.ellert-richter.de